3단계 왕초보 한글 쓰기교본

국립중앙도서관 출판시도서목록(CIP)

3단계 왕초보 한글 쓰기 교본 / 감수자: 조동림
-- 서울 : 창, 2017 p. ; cm

권말부록: 일본어 기본 어휘 ; 기본 문장 쓰기
본문은 한국어, 일본어가 혼합수록됨
ISBN 978-89-7453-439-4 13640 : ₩12000

한글 서예[--書藝]

643-KDC6
745.619957-DDC23   CIP2017034641

3단계 왕초보 한글 쓰기 교본

2024년 5월 15일 2쇄 인쇄
2024년 5월 25일 2쇄 발행

감수자 | 조동림
펴낸이 | 이규인
펴낸곳 | 도서출판 **창**
등록번호 | 제15-454호
등록일자 | 2004년 3월 25일

주소 | 서울특별시 마포구 대흥로4길 49, 1층(용강동 월명빌딩)
전화 | (02) 322-2686, 2687 / **팩시밀리** | (02) 326-3218
홈페이지 | http://www.changbook.co.kr
e-mail | changbook1@hanmail.net

ISBN 978-89-7453-439-4 13640

정가 12,000원
*잘못 만들어진 책은 〈도서출판 **창**〉에서 바꾸어 드립니다.

*이 책의 저작권은 〈도서출판 **창**〉에 있습니다.
 저작권법에 의해 보호를 받는 저작물이므로 무단 전재와 복제를 금합니다.

3단계 왕초보 한글 쓰기교본

조동림 감수

창
Chang Books

Foreword

머리말

바른 글씨는 사람의 인격이며, 인격 수양의 지름길이라 할 수 있습니다.

급변하는 현대문명의 파도는 우리 바른 글씨 문화의 장애가 되기도 하지만 서로 보완 작용으로 발전시키면 좋은 효과를 가져온다는 의견도 있습니다. 인터넷 등 기술이 발달한 요즘, 컴퓨터 사용이 일반화되면서 악필이 늘어나고 있습니다. 컴퓨터와 스마트 기기 등 디지털 장비가 필기구를 대체해 연필이나 펜으로 종이에 직접 손글씨를 쓰는 일이 드물어지면서 손글씨를 어려워하는 젊은이들이 많습니다.

그런 문제점을 해결하기 위해 **'3단계 왕초보 한글 쓰기 교본'**이 나왔습니다. 아무리 디지털 시대라고 해도 아직 학교나 직장에서 손으로 글씨를 쓰는 일이 많기 때문에 손글씨 자체의 필요성을 놓고 의견이 분분합니다. 따라서 교육계와 산업계, 문화계에서도 우려하는 목소리가 높아지면서 바른 글씨의 수요가 급증하는 추세에 있는 것만은 확실합니다.

또한 손글씨 쓸 일이 많은 요즘 악필 때문에 고민하는 이들이 늘어나면서 관련 학원과 서적 등이 관심을 모으고 있으며, 컴퓨터와 휴대폰 사용으로 글씨 쓰는 일이 줄긴 했지만 학교에서는 여전히 글 쓰는 일이 많습니다. 그리고 글씨 교정의 필요성이 제기되면서 초등학교에서는 펜을 잡는 방법, 획연습, 줄맞춰 쓰기, 받아쓰기 등 기초적인 교육을 하는 추세입니다. 직장에서도 글 쓰는 일이 많기 때문에 악필로 고민하는 사람들이 학원을 찾아 글씨 교정하는 사례가 늘고 있다고 합니다.

Foreword

　　각종 모든 시험과 대학의 주관식 논술시험에서도 항상 글씨체는 중요한 역할을 합니다. 상대방에게 불편을 주는 글씨는 교정 과정을 통해서 좋은 예쁜 글씨로 변화하는 것이 가능합니다. 그러므로 '3단계 왕초보 한글 쓰기 교본'은 각종 시험에서 좋은 성과를 이루는 것에 큰 도움이 될 뿐만 아니라 악필에서 탈출해 글씨를 예쁘고 깔끔하게 쓸 수 있을 것입니다.

　참고로 이 책을 학습하는 데 필요한 사용기호를 살펴보면 이해하기 쉽습니다.

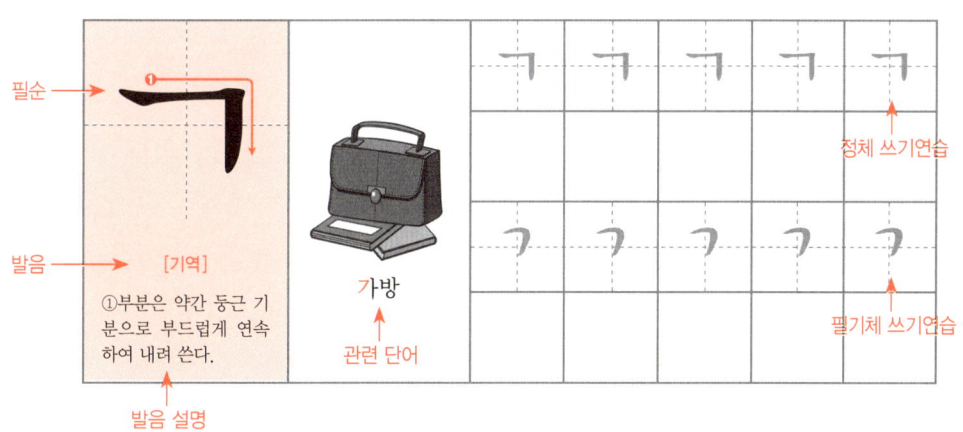

글쓰기 전에 일러두기

　바른 글씨를 쓰기 위해서는 올바른 자세를 알고 글을 쓰는 습관을 가지면 좋은 효과를 얻을 수 있습니다. 또 모든 글자를 정자부터 차근차근 시작하여 기본을 이루는 점과 획을 자신감이 있을 때까지 연습해서 글자의 짜임새를 파악한 후 흘림체를 연습하는 것이 좋습니다.

1. 한글의 특성과 짜임새 알아보기

　한글은 점과 획이 많지 않고 짜임새가 독특하기 때문에 쓰기가 쉬운 것 같으나 잘못 쓰면 모양이 일그러진다. 다음은 한글 쓰기 기본 예입니다.

2. 글씨쓰기와 바른 자세

① 연필대는 검지, 중지 사이에 살짝 끼워 엄지로 덮어 누릅니다.
② 연필대는 엄지, 검지 사이에 끼면 안 되고, 검지의 첫째 마디에 닿도록 합니다.
③ 연필과 지면의 각도는 60°정도 되게 유지합니다. (대부분의 어린이들은 연필대를 너무 세워서 쓰고 있습니다.)
④ 연필대의 끝을 오른쪽 귀 옆쪽으로 향하도록 합니다.
⑤ 약지·새끼손가락은 차례대로 구부린 채 중지를 받쳐 주기만 합니다.
⑥ 책상 앞에 앉을 때에는 의자 안쪽까지 엉덩이가 들어가도록 깊숙이 당겨 앉습니다.
⑦ 책상과 몸 사이에 주먹 하나가 들어갈 정도의 여유를 두고 상체는 약간 앞으로 기울이고 허리를 폅니다.
⑧ 고개는 노트와 눈 사이가 30cm 정도 되도록 숙이고 허리와 어깨를 쭉 펴고 턱을 살짝 당겨 시선은 아래로 향하도록 합니다.

⑨ 책을 몸의 약간 오른편에 놓고 왼손으로 책을 고정하여 글씨를 쓰며 팔은 책상 끝면 보다 약간 앞으로 나오게 하고 발을 적당히 벌립니다.

3. 펜대를 잡는 요령

① 정자를 쓸 때에는 펜촉에서 1cm쯤 위의 펜대 부분을 잡는 것이 좋고 흘림체를 쓸 경우에는 펜촉과 펜대의 거리를 1.5cm이상 유지하는 것이 좋습니다.
② 몸은 책상에 스칠 정도로 다가앉아 가슴을 펴고 머리는 자연스럽게 숙여 눈과 펜대의 거리가 20cm 이상 유지되도록 합니다.
③ 펜대를 잡는 이상적인 위치는 용지와 펜촉 사이의 각도가 45도에서 50도 정도가 좋습니다. 단, 볼펜의 경우는 60도에서 70도 정도가 알맞습니다.
④ 연습용지는 가슴 오른쪽에 놓고 펜을 쥔 손이 오른쪽 가슴 가운데가 되도록 하여야 쓰기 편합니다. 이 때 펜을 잡은 손끝에 너무 힘을 주지 않는 것이 좋습니다.

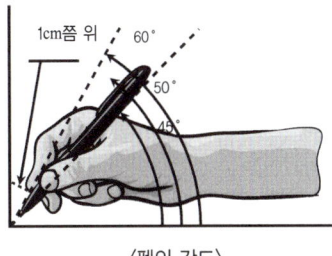

〈펜의 각도〉

4. 펜촉 종류와 특징

① G 펜 : 작가들에게 가장 많이 쓰이는 제품으로 선의 굵기 조절에 용이하고 손에 익히는 시간이 오래 걸리지 않고 선도 부드럽게 나오기 때문에 현재 국내작가들도 많이 쓰고 있습니다.
② 스푼펜 : 가장 일반적으로 쓰이고 있기 때문인지 작가들이 가장 많이 사용하는 전통적인 펜으로 크롬과 늄의 2종류가 있습니다.
③ 둥근(마루)펜 : 제도용으로 사용되며 얇고 세밀한 선을 긋는 데 사용합니다.
④ 스쿨펜 : 상당히 샤프한 효과를 낼 수 있으며 제일 가는 글씨를 쓰기에 적합합니다.

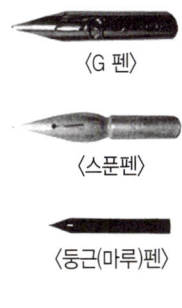

〈G 펜〉

〈스푼펜〉

〈둥근(마루)펜〉

〈스쿨펜〉

Foreword

차례

- 머리말 — 4
- 글쓰기 전에 일러두기 — 6
- Part I 1단계 **자음 · 모음 익히기** — 10
  - 자음 쓰기 — 10
  - 모음 쓰기 — 15
  - 경음 쓰기 — 22
  - 겹받침 쓰기 — 24
- Part II 2단계 **자음 · 모음 따라쓰기** — 28
- Part III 3단계 **단어 · 문장 따라쓰기** — 72
  - 단어와 문장 글씨연습 — 74
  - 명언쓰기 연습 — 106
  - 경제 · 경영 용어쓰기 — 116
  - 정자체 가로 쓰기 — 125
  - 반흘림체 가로 쓰기 — 142
  - 정자체 세로 쓰기 — 159
  - 반흘림체 세로 쓰기 — 173

〈부록〉 — 187
- 한자 숫자 쓰기 — 188
- 아라비아 숫자 쓰기 — 190
- 경조사 용어 쓰기 — 192
- 경조사 봉투 쓰기 — 194
- 편지 봉투 쓰기 — 195
- 엽서 쓰기 — 196
- 그림엽서 쓰기 — 197
- 영수증 쓰기 — 198
- 차용증 쓰기 — 199
- 인수증 · 청구서 · 위임장 · 사직서 쓰기 — 200
- 이력서 쓰기 — 201
- 자기소개서 쓰기 — 202
- 초청장 쓰기 — 204
- 인사장 쓰기 — 205
- 선생님께 편지 쓰기 — 206
- 지방 쓰기 — 208
- 원고지 사용법 — 210

3단계 왕초보 한글 쓰기교본

Part I

1단계

자음·모음 익히기

- 자음·모음 익히기
- 자음 쓰기
- 모음 쓰기
- 경음 쓰기

1단계

자음 쓰기

ㄱ·ㄴ·ㄷ·ㄹ·ㅁ
ㅂ·ㅅ·ㅇ·ㅈ·ㅊ
ㅋ·ㅌ·ㅍ·ㅎ

「ㄱ, ㄴ, ㄷ, ㄹ, ㅁ, ㅂ, ㅅ, ㅇ, ㅈ, ㅊ, ㅋ, ㅌ, ㅍ, ㅎ」은 「ㅏ, ㅑ, ㅓ, ㅕ, ㅗ, ㅛ, ㅜ, ㅠ, ㅡ, ㅣ」 등에 활용되며 받침으로도 쓰인다.

정자체	ㄱ	ㄴ	ㄷ	ㄹ	ㅁ	ㅂ	ㅅ	ㅇ	ㅈ	ㅊ	ㅋ	ㅌ	ㅍ	ㅎ
흘림체	ㄱ	ㄴ	ㄷ	ㄹ	ㅁ	ㅂ	ㅅ	ㅇ	ㅈ	ㅊ	ㅋ	ㅌ	ㅍ	ㅎ
발음	기역	니은	디귿	리을	미음	비읍	시옷	이응	지읒	치읓	키읔	티읕	피읖	히읗

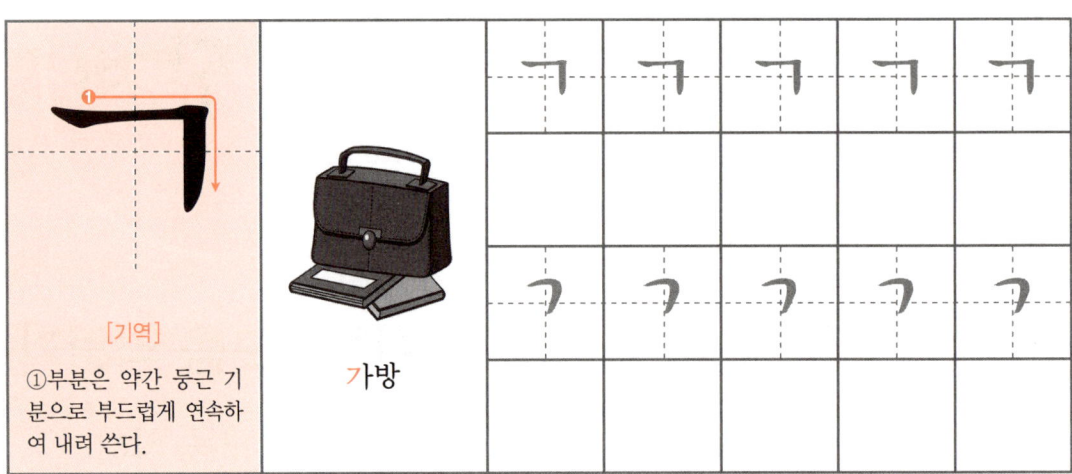

[기역]

①부분은 약간 둥근 기분으로 부드럽게 연속하여 내려 쓴다.

가방

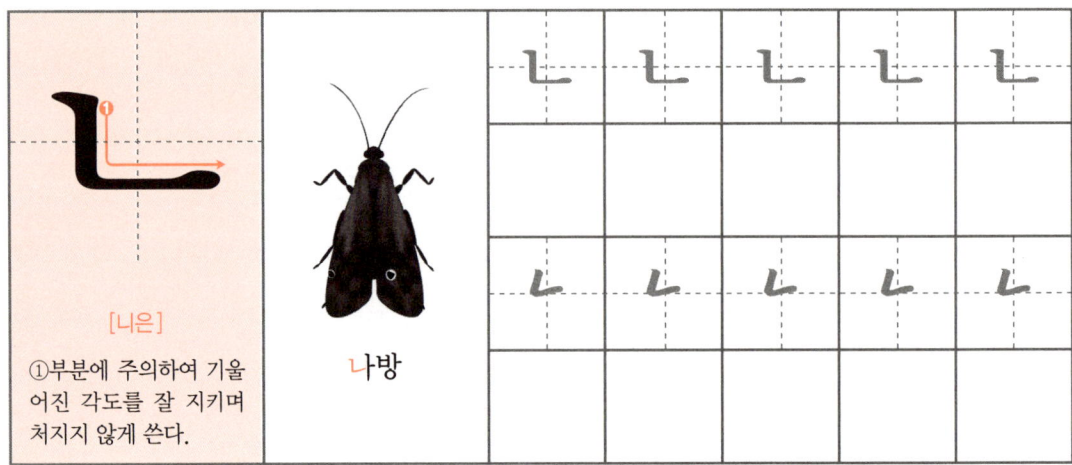

[니은]

①부분에 주의하여 기울어진 각도를 잘 지키며 처지지 않게 쓴다.

나방

 자음·모음 익히기

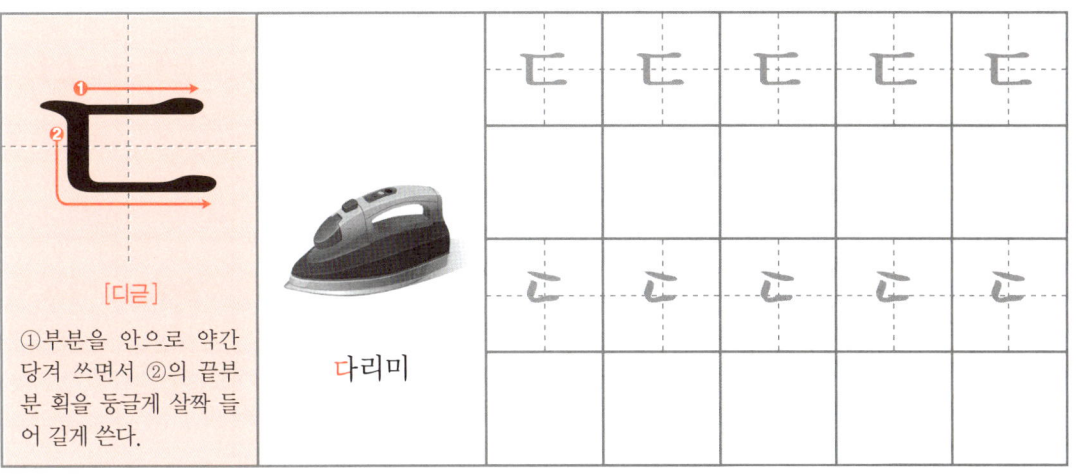

[디귿]
①부분을 안으로 약간 당겨 쓰면서 ②의 끝부분 획을 둥글게 살짝 들어 길게 쓴다.

다리미

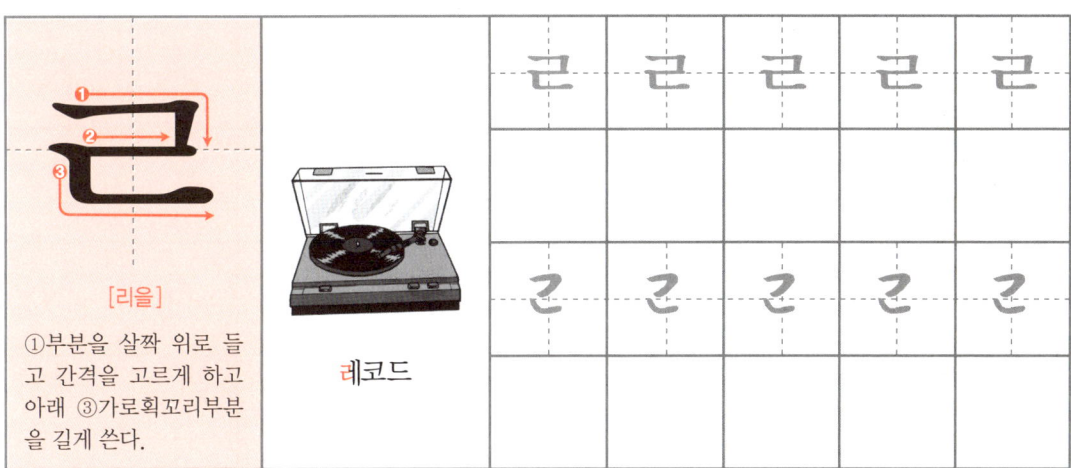

[리을]
①부분을 살짝 위로 들고 간격을 고르게 하고 아래 ③가로획꼬리부분을 길게 쓴다.

레코드

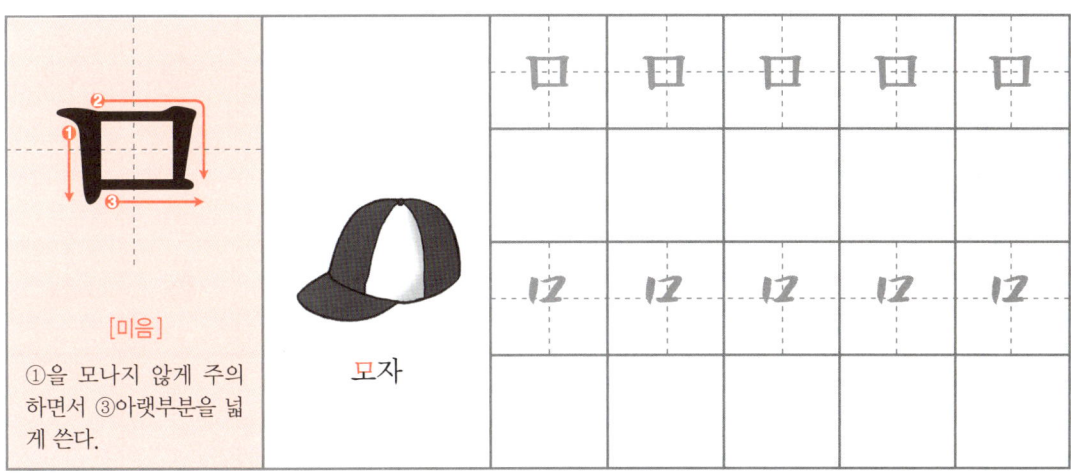

[미음]
①을 모나지 않게 주의하면서 ③아랫부분을 넓게 쓴다.

모자

1단계

[비읍]
필순에 주의하면서 아래와 위의 간격이 같게 쓴다.

배

[시옷]
①은 둥글게 좌하로 삐치고 ②는 힘을 주어 우하로 내려쓴다.

사과

[이응]
단 한번에 둥글게 상하로 길게, 오른쪽으로 누운 듯한 느낌으로 쓴다.

오렌지

 자음·모음 익히기

[티읕]

'ㄷ'과 'ㅡ'를 붙여 쓰되 ③삐침 가로획의 길이가 같게 쓴다.

토끼

[피읖]

①부분을 위로 살짝 들어주고 ②, ③획은 안쪽으로 모아서 나란히 하고 ④획을 길게 쓴다.

피자

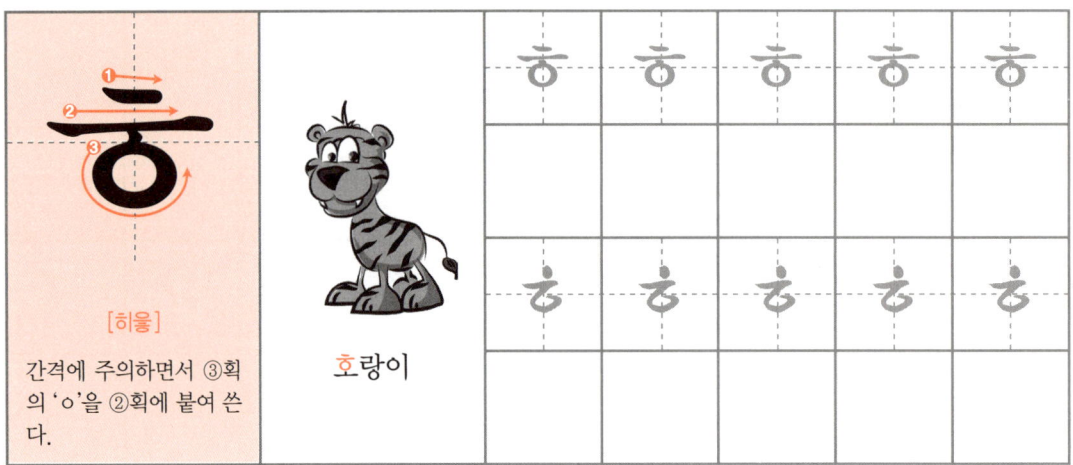

[히읗]

간격에 주의하면서 ③획의 'ㅇ'을 ②획에 붙여 쓴다.

호랑이

 자음·모음 익히기

모음 쓰기

ㅏ·ㅑ·ㅓ·ㅕ·ㅗ
ㅛ·ㅜ·ㅠ·ㅡ·ㅣ
ㅐ·ㅒ·ㅔ·ㅖ·ㅘ
ㅙ·ㅟ·ㅝ·ㅞ·ㅟ

「ㅏ, ㅑ, ㅓ, ㅕ, ㅗ, ㅛ, ㅜ, ㅠ, ㅡ, ㅣ, ㅐ, ㅒ, ㅔ, ㅖ, ㅘ, ㅙ, ㅟ, ㅝ, ㅞ, ㅟ」는 「ㄱ, ㄴ, ㄷ, ㄹ, ㅁ, ㅂ, ㅅ, ㅇ, ㅈ, ㅊ, ㅋ, ㅌ, ㅍ, ㅎ」 등에 활용되며 받침으로도 쓰인다.

정자체	ㅏ	ㅑ	ㅓ	ㅕ	ㅗ	ㅛ	ㅜ	ㅠ	ㅡ	ㅣ	ㅐ	ㅒ	ㅔ	ㅖ	ㅘ	ㅙ	ㅟ	ㅝ	ㅞ	ㅟ
흘림체	ㅏ	ㅑ	ㅓ	ㅕ	ㅗ	ㅛ	ㅜ	ㅠ	ㅡ	ㅣ	ㅐ	ㅒ	ㅔ	ㅖ	ㅘ	ㅙ	ㅟ	ㅝ	ㅞ	ㅟ
발음	아	야	어	여	오	요	우	유	으	이	애	얘	에	예	와	왜	위	워	웨	위

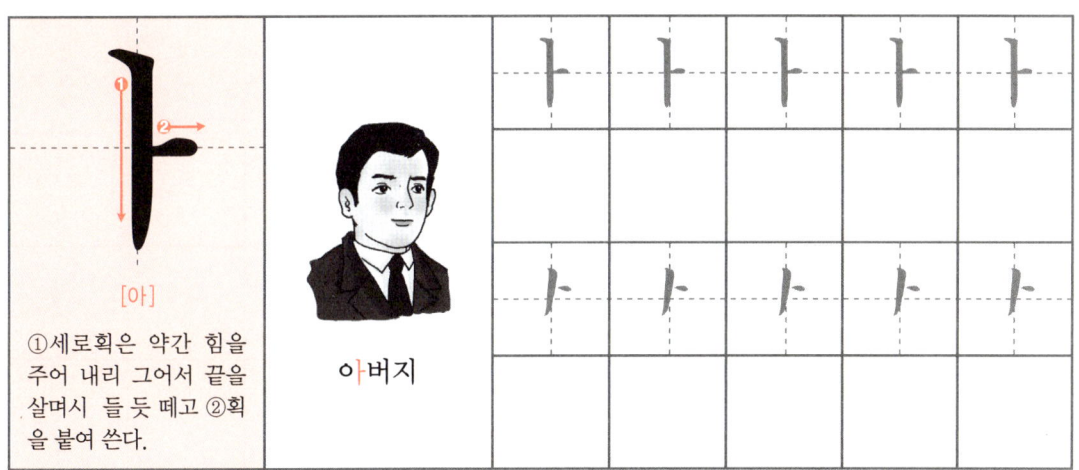

[아]
①세로획은 약간 힘을 주어 내리 그어서 끝을 살며시 들 듯 떼고 ②획을 붙여 쓴다.

아버지

[야]
②획을 3등분하여 ②, ③획의 길이를 같게 쓴다.

야구

자음·모음 익히기 • 1단계 **15**

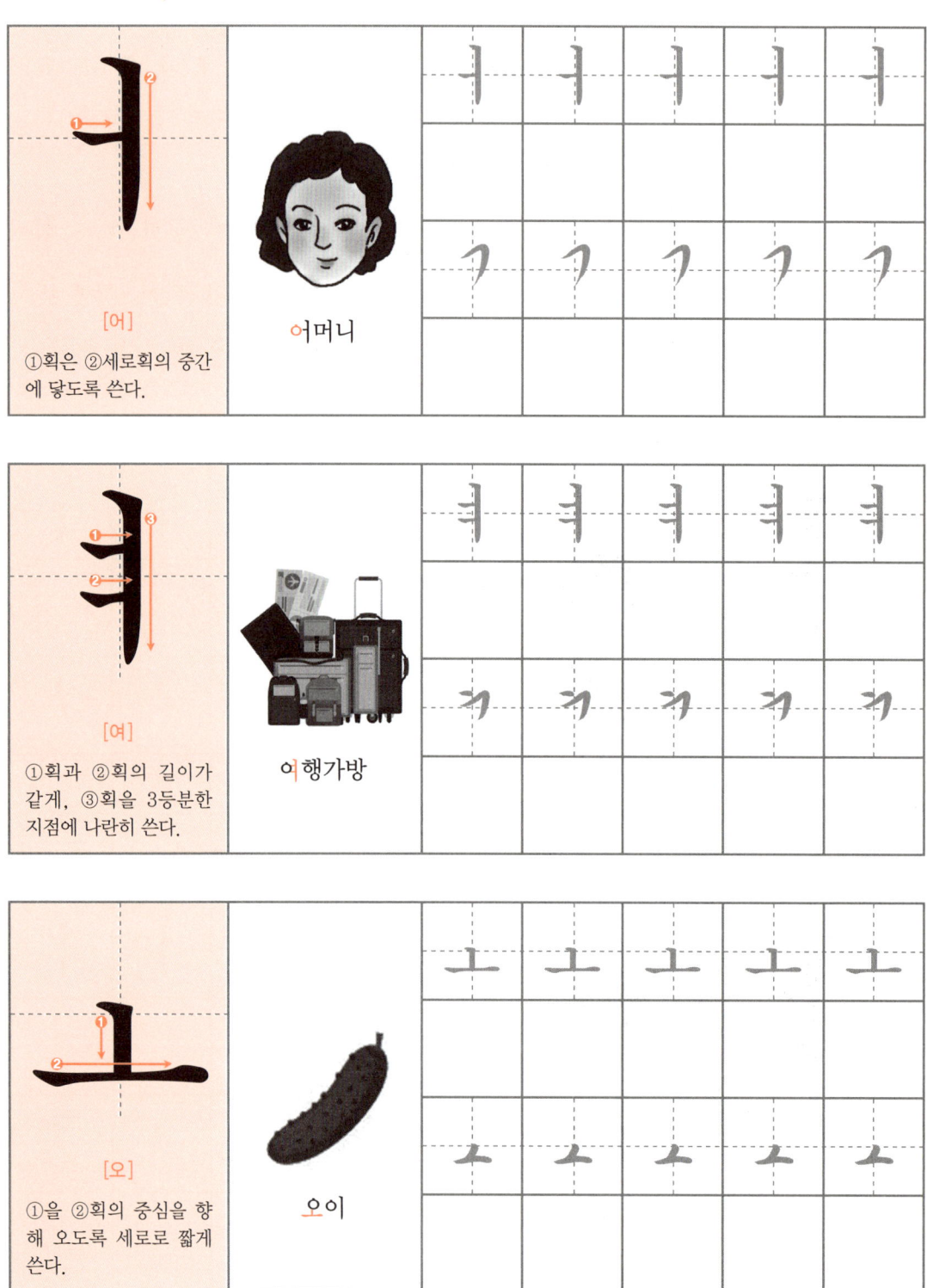

 자음·모음 익히기

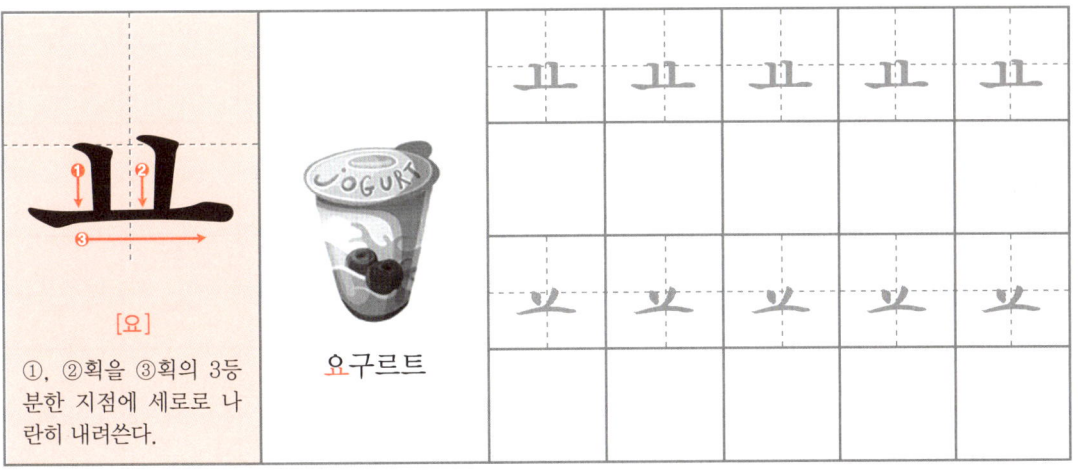

[요]
①, ②획을 ③획의 3등분한 지점에 세로로 나란히 내려쓴다.

요구르트

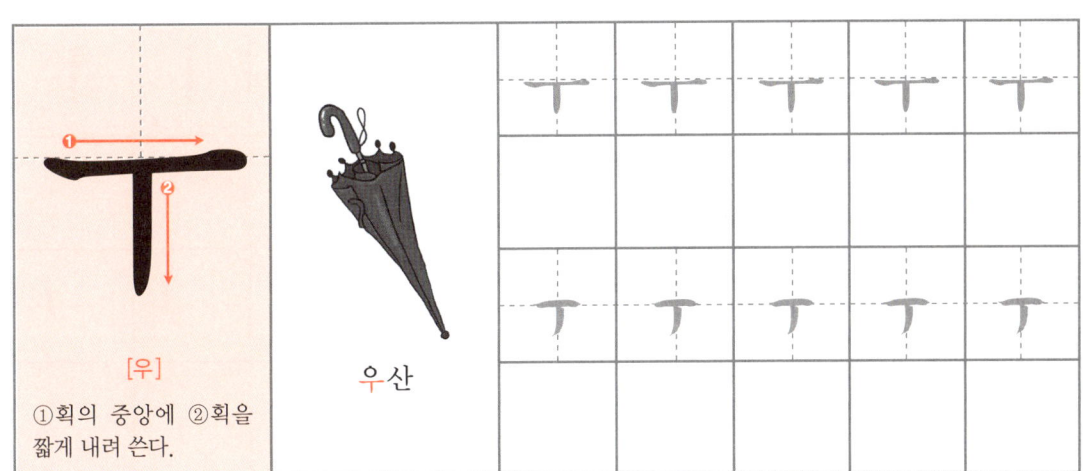

[우]
①획의 중앙에 ②획을 짧게 내려 쓴다.

우산

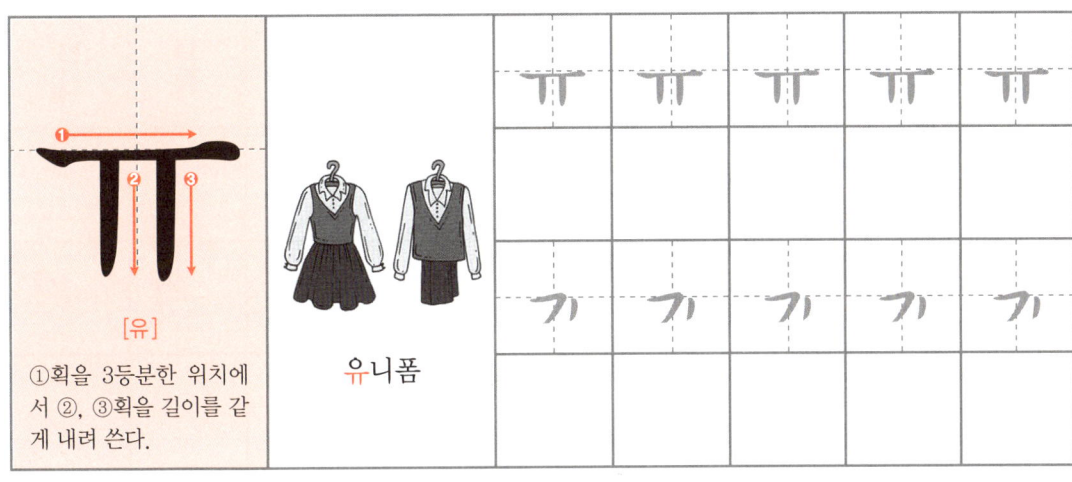

[유]
①획을 3등분한 위치에서 ②, ③획을 길이를 같게 내려 쓴다.

유니폼

1단계

[으]

①의 가로획은 세로 획 중심을 향하듯 처음에 힘을 주고 중간에서 가볍게 했다가 끝에 또 힘을 주어 쓴다.

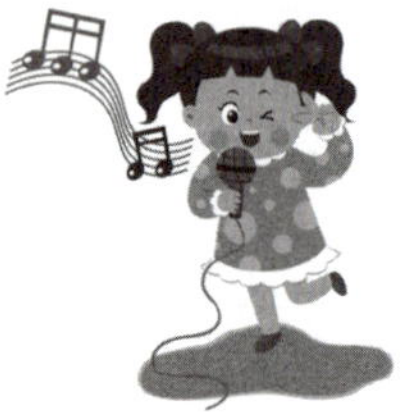

음악

[이]

①을 힘을 주어 찍어 내리듯이 처음에는 약간 힘을 주어 내리 그으며 끝에가서 가볍게 뺀다.

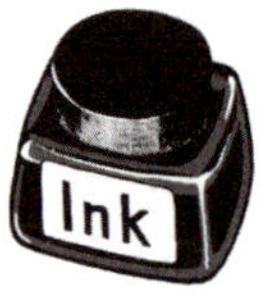

잉크

[애]

①세로획을 짧게 하고 ②가로획은 중앙보다 약간 윗부분에 붙여 쓴다.

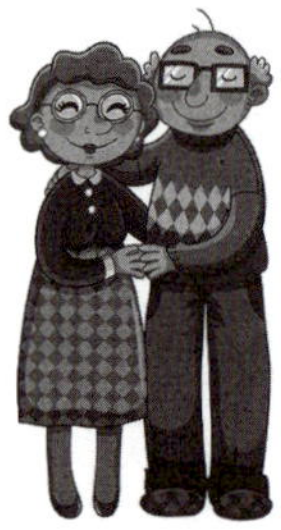

애인

자음·모음 익히기

[애]
'ㅐ'와 같은 방법으로 쓰면서 ②, ③가로획의 간격을 같게 쓴다.

애기꽃

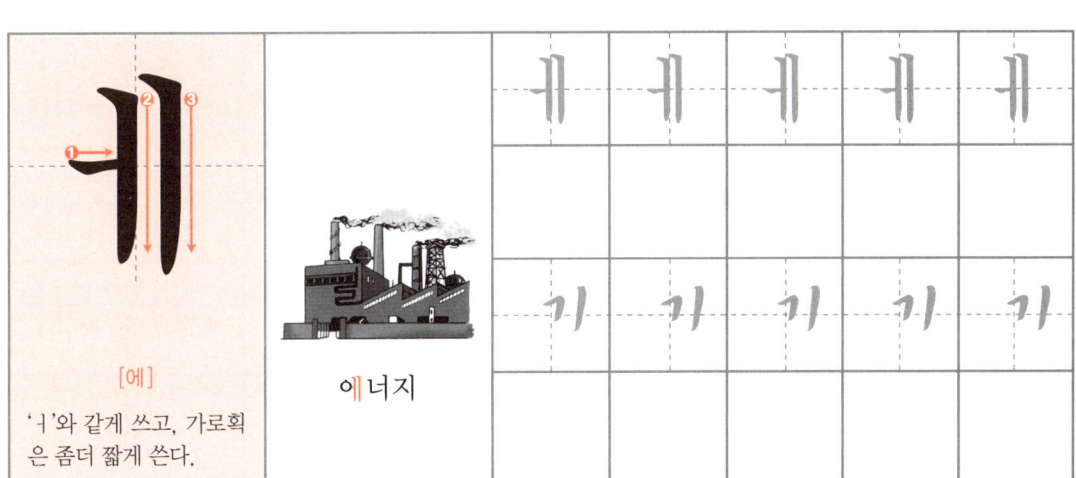

[에]
'ㅓ'와 같게 쓰고, 가로획은 좀더 짧게 쓴다.

에너지

[예]
'ㅓ'와 같은 방법으로 쓰고, 세로획을 같은 길이로 내려 쓴다.

예쁘다

1단계

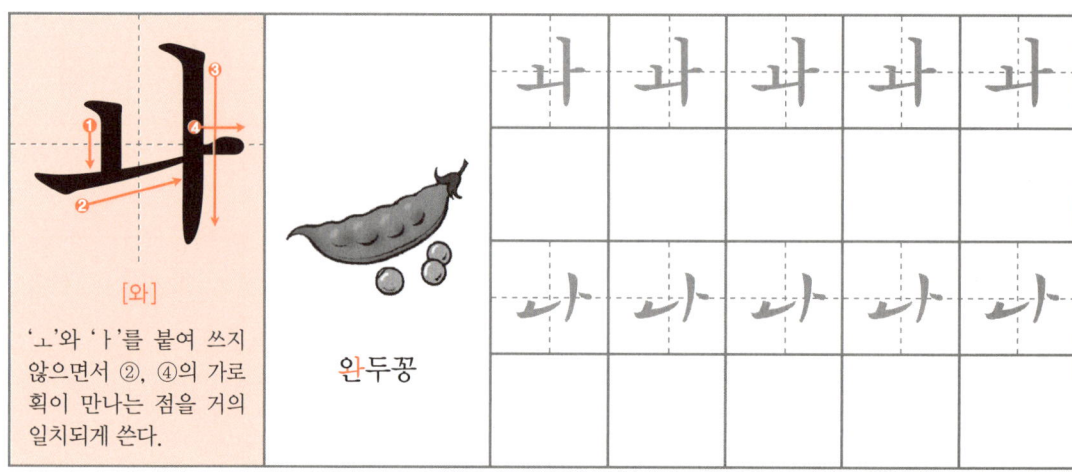

[와]
'ㅗ'와 'ㅏ'를 붙여 쓰지 않으면서 ②, ④의 가로획이 만나는 점을 거의 일치되게 쓴다.

완두콩

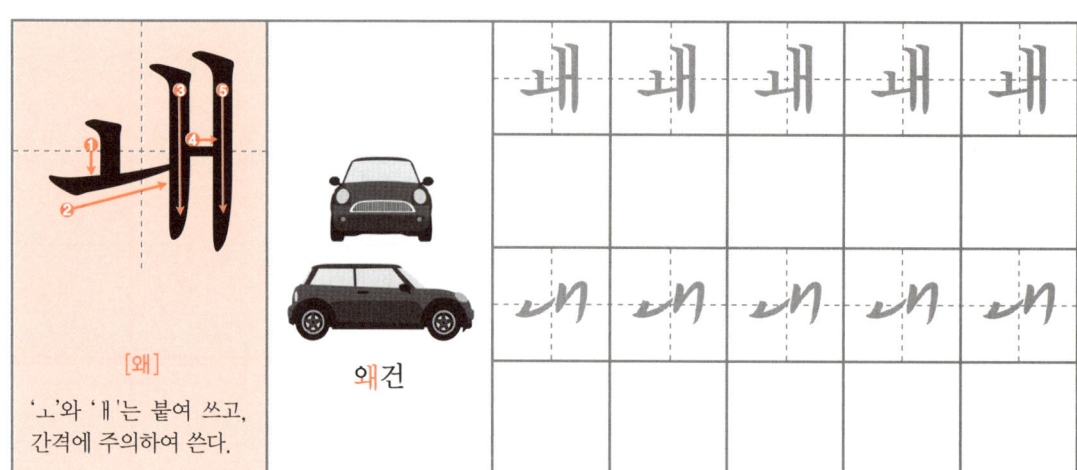

[왜]
'ㅗ'와 'ㅐ'는 붙여 쓰고, 간격에 주의하여 쓴다.

왜건

[외]
'ㅗ'와 'ㅣ'가 붙도록 쓰되 너무 넓지 않게 쓴다.

외톨이

 자음·모음 익히기

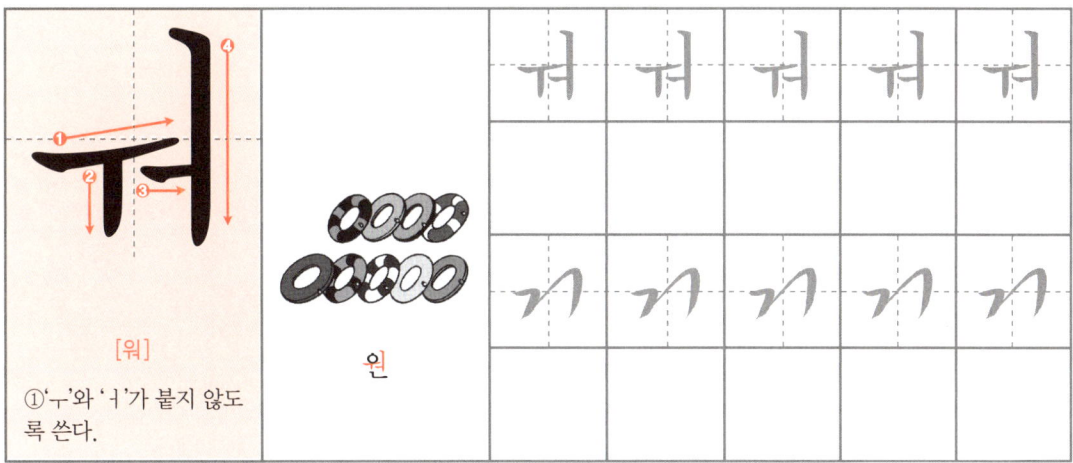

1단계

경음 쓰기

ㄲ · ㄸ · ㅃ · ㅆ · ㅉ

「ㄲ, ㄸ, ㅃ, ㅆ, ㅉ」은 「ㅏ, ㅑ, ㅓ, ㅕ, ㅗ, ㅛ, ㅜ, ㅠ, ㅡ, ㅣ」등에 활용되며 받침으로도 쓰인다.

정자체	ㄲ	ㄸ	ㅃ	ㅆ	ㅉ
흘림체	ㄲ	ㄸ	ㅃ	ㅆ	ㅉ
발 음	[쌍기억]	[쌍디귿]	[쌍비읍]	[쌍시옷]	[쌍지읒]

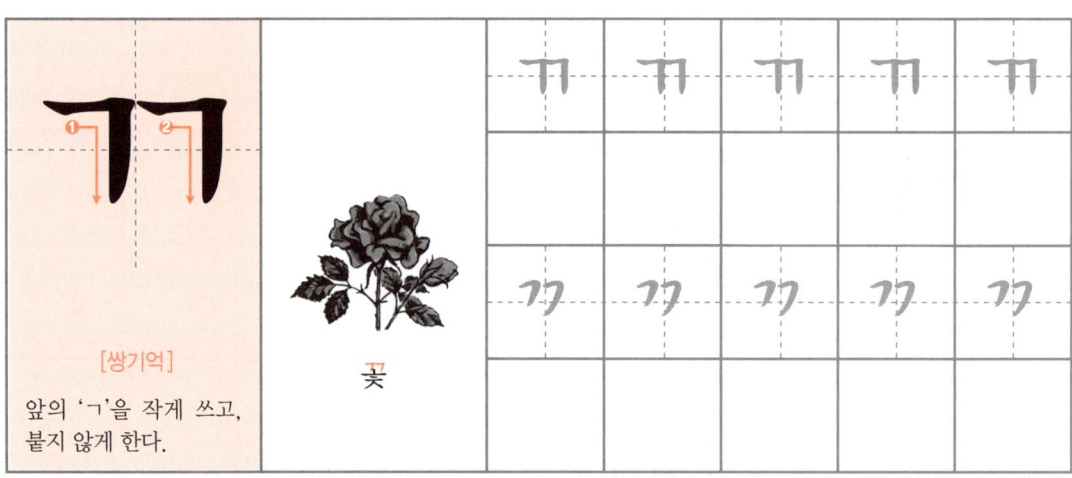

[쌍기억]

앞의 'ㄱ'을 작게 쓰고, 붙지 않게 한다.

꽃

[쌍디귿]

앞의 'ㄷ'을 약간 작게 쓰고, 가로획의 방향에 주의해서 쓴다.

뛰다

자음·모음 익히기

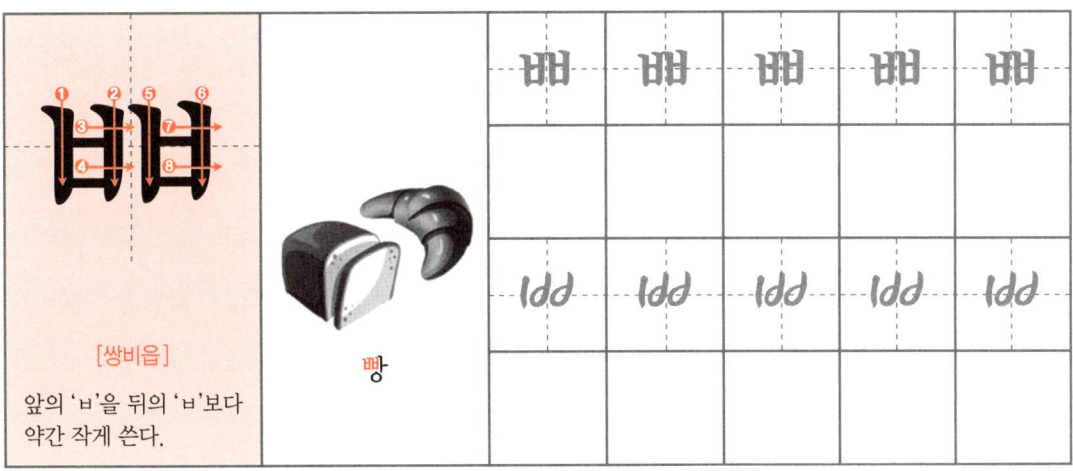

[쌍비읍]
앞의 'ㅂ'을 뒤의 'ㅂ'보다 약간 작게 쓴다.

빵

[쌍시옷]
앞의 'ㅅ'이 뒤의 'ㅅ'보다 약간 작게 쓴다.

썰매

[쌍지읒]
가로획의 길이가 길지 않게 좁혀 쓴다.

짝꿍

1단계

겹받침 쓰기

ㄳ·ㄵ·ㄶ·ㄺ·ㄻ·ㄼ
ㄽ·ㄾ·ㄿ·ㅀ·ㅄ

「ㄳ, ㄵ, ㄶ, ㄺ, ㄻ, ㄼ, ㄽ, ㄾ, ㅀ, ㅀ, ㅄ」은 가운데 겹받침 ㄺ, ㄻ, ㄿ은 어말 또는 자음 앞에서 각각 ㄱ, ㅁ, ㅂ으로 발음한다. 다만 용언의 어간 말음 ㄺ은 ㄱ 앞에서 ㄹ로 발음한다.

정자체	ㄳ	ㄵ	ㄶ	ㄺ	ㄻ	ㄼ	ㄽ	ㄾ	ㄿ	ㅀ	ㅄ
흘림체	ㄳ	ㄵ	ㄶ	ㄺ	ㄻ	ㄼ	ㄽ	ㄾ	ㄿ	ㅀ	ㅄ

넋두리

두 글자의 크기 같게 쓰고, 사이가 넓어지지 않게 한다.

앉다

받침 'ㄴ'은 자음 'ㄴ'처럼 휘어짐이 없이 반듯하게 쓴다.

자음·모음 익히기

'ㄴ'과 'ㅎ'이 서로 살짝 붙은 듯한 느낌으로 'ㄴ'의 모양에 주의해 쓴다.

먹지 않다

두 글자의 크기가 같게 쓰고, 서로 붙지 않게 쓴다.

읽다

받침 'ㅁ'은 자음 'ㅁ'처럼 아랫부분을 넓지 않게 모아서 'ㄹ'과 나란히 쓴다.

앎은 힘이다

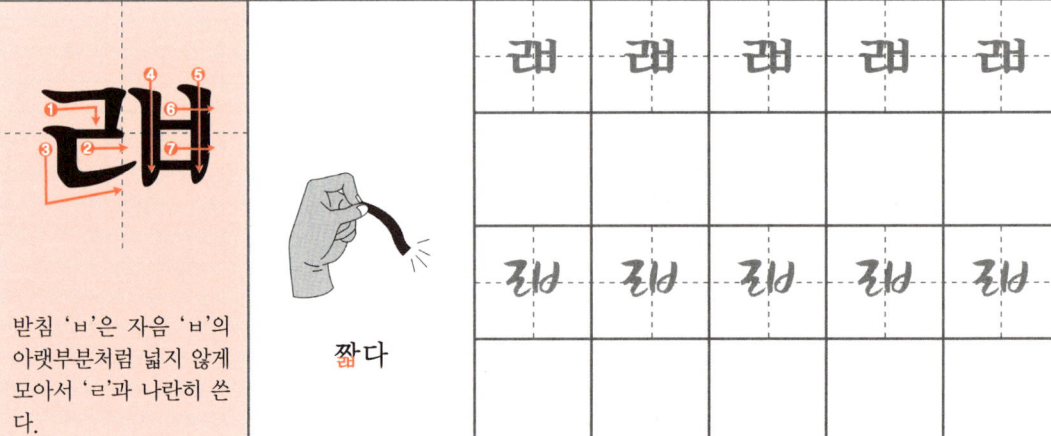

받침 'ㅂ'은 자음 'ㅂ'의 아랫부분처럼 넓지 않게 모아서 'ㄹ'과 나란히 쓴다.

짧다

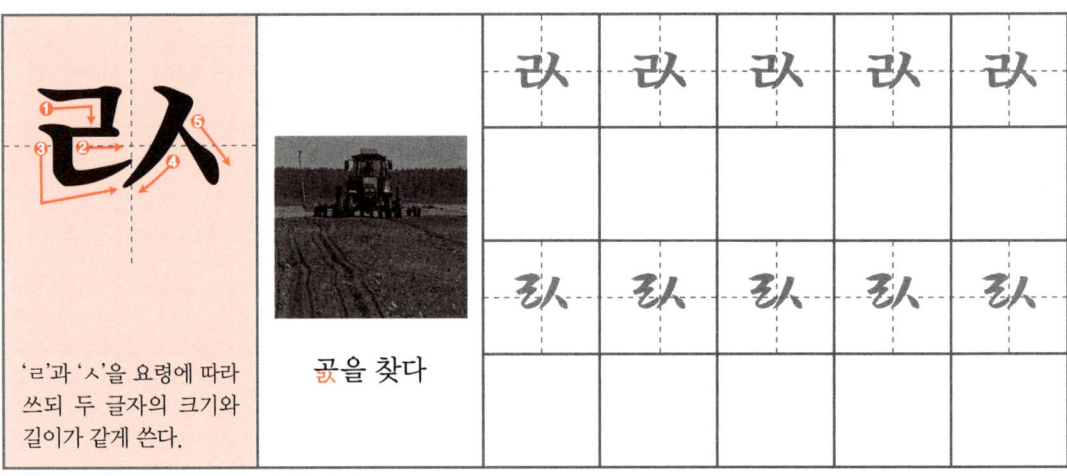

'ㄹ'과 'ㅅ'을 요령에 따라 쓰되 두 글자의 크기와 길이가 같게 쓴다.

곬을 찾다

'ㄹ'과 'ㅌ'을 요령에 따라 쓰되 두 글자의 크기와 길이가 같게 쓴다.

핥다

자음·모음 익히기

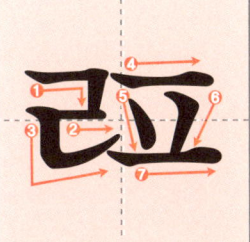

'ㄹ'과 'ㅍ'을 쓰는 요령에 따라 요령에 따라 쓰되 두 글자의 크기와 길이가 같게 쓴다.

읊다

ㄿ	ㄿ	ㄿ	ㄿ	ㄿ
ㄿ	ㄿ	ㄿ	ㄿ	ㄿ

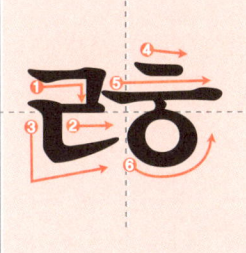

'ㄹ'과 'ㅎ'을 쓰는 요령에 따라 쓰되 두 글자의 크기와 길이가 같게 쓴다.

잃다

ㅀ	ㅀ	ㅀ	ㅀ	ㅀ
ㅀ	ㅀ	ㅀ	ㅀ	ㅀ

'ㅅ'을 약간 세워서 쓰고, 간격이 너무 떨어지지 않게 쓴다.

값지다

ㅄ	ㅄ	ㅄ	ㅄ	ㅄ
ㅄ	ㅄ	ㅄ	ㅄ	ㅄ

1단계 | 2단계 | 3단계

자음·모음 익히기 • 1단계 **27**

3단계 왕초보
한글
쓰기교본

Part II

3단계 왕초보 한글 쓰기교본 Part II

2단계

자음 · 모음 따라 쓰기

2단계

자음·모음 따라쓰기

가	가			가	가		
각	각			각	각		
간	간			간	간		
갈	갈			갈	갈		
감	감			감	감		
갑	갑			갑	갑		
갓	갓			갓	갓		
강	강			강	강		
같	같			같	같		
갚	갚			갚	갚		
갛	갛			갛	갛		
개	개			개	개		
객	객			객	객		
야	야			야	야		
거	거			거	거		
걱	걱			걱	걱		
건	건			건	건		

걷	걷				깓	깓			
걸	걸				깔	깔			
검	검				깜	깜			
겁	겁				깝	깝			
것	것				깟	깟			
겉	겉				깥	깥			
게	게				께	께			
겔	겔				껠	껠			
겠	겠				깼	깼			
겨	겨				껴	껴			
격	격				껵	껵			
견	견				껸	껸			
결	결				껼	껼			
겸	겸				꼄	꼄			
겹	겹				꼅	꼅			
경	경				꼉	꼉			
곁	곁				꼍	꼍			
계	계				꼐	꼐			

2단계

● 자음·모음 따라쓰기

고	고				고	고			
곡	곡				곡	곡			
곤	곤				곤	곤			
곧	곧				곧	곧			
골	골				골	골			
곰	곰				곰	곰			
곱	곱				곱	곱			
곳	곳				곳	곳			
공	공				공	공			
교	교				교	교			
과	과				라	라			
광	광				랑	랑			
구	구				구	구			
국	국				국	국			
군	군				군	군			
굴	굴				굴	굴			
굽	굽				굽	굽			
굿	굿				굿	굿			

궁	궁				궁	궁			
규	규				규	규			
균	균				균	균			
귤	귤				귤	귤			
귀	귀				귀	귀			
권	권				권	권			
그	그				그	그			
극	극				극	극			
근	근				근	근			
글	글				글	글			
금	금				금	금			
급	급				급	급			
긋	긋				긋	긋			
긍	긍				긍	긍			
기	기				기	기			
긱	긱				긱	긱			
긴	긴				긴	긴			
긷	긷				긷	긷			

2단계

○ 자음·모음 따라쓰기

길	길				길	길			
김	김				김	김			
깊	깊				깊	깊			
까	까				까	까			
깍	깍				깍	깍			
깐	깐				깐	깐			
깔	깔				깔	깔			
깜	깜				깜	깜			
깡	깡				깡	깡			
꺼	꺼				꺼	꺼			
꺽	꺽				꺽	꺽			
껄	껄				껄	껄			
껌	껌				껌	껌			
께	께				께	께			
껴	껴				껴	껴			
꽃	꽃				꽃	꽃			
꾼	꾼				꾼	꾼			
꿀	꿀				꿀	꿀			

꿈	꿈			꿈	꿈		
꿍	꿍			꿍	꿍		
끈	끈			끈	끈		
낀	낀			낀	낀		
낌	낌			낌	낌		
나	나			나	나		
낙	낙			낙	낙		
난	난			난	난		
날	날			날	날		
남	남			남	남		
납	납			납	납		
낫	낫			낫	낫		
낭	낭			낭	낭		
낮	낮			낮	낮		
낱	낱			낱	낱		
낳	낳			낳	낳		
내	내			내	내		
냉	냉			냉	냉		

2단계

○ 자음·모음 따라쓰기

냠	냠			냠	냠		
냥	냥			냥	냥		
너	너			너	너		
넉	넉			넉	넉		
넌	넌			넌	넌		
널	널			널	널		
넘	넘			넘	넘		
넙	넙			넙	넙		
넝	넝			넝	넝		
넣	넣			넣	넣		
네	네			네	네		
녀	녀			녀	녀		
녁	녁			녁	녁		
년	년			년	년		
념	념			념	념		
녕	녕			녕	녕		
노	노			노	노		
녹	녹			녹	녹		

논	논				논	논			
놈	놈				놈	놈			
놋	놋				놋	놋			
농	농				농	농			
높	높				높	높			
놓	놓				놓	놓			
놔	놔				놔	놔			
놨	놨				놨	놨			
뇨	뇨				뇨	뇨			
누	누				누	누			
눅	눅				눅	눅			
눈	눈				눈	눈			
눕	눕				눕	눕			
뉴	뉴				뉴	뉴			
뉘	뉘				뉘	뉘			
눴	눴				눴	눴			
느	느				느	느			
는	는				는	는			

2단계

● 자음·모음 따라쓰기

능	능				능	능			
늦	늦				늦	늦			
니	니				니	니			
님	님				님	님			
다	다				다	다			
닥	닥				닥	닥			
단	단				단	단			
달	달				달	달			
담	담				담	담			
답	답				답	답			
당	당				당	당			
닿	닿				닿	닿			
대	대				대	대			
댁	댁				댁	댁			
더	더				더	더			
덕	덕				덕	덕			
던	던				던	던			
덜	덜				덜	덜			

덤	덤				덤	덤			
덥	덥				덥	덥			
덩	덩				덩	덩			
데	데				데	데			
뎅	뎅				뎅	뎅			
도	도				도	도			
독	독				독	독			
돈	돈				돈	돈			
돕	돕				돕	돕			
동	동				동	동			
돼	돼				돼	돼			
됐	됐				됐	됐			
되	되				되	되			
됩	됩				됩	됩			
두	두				두	두			
둑	둑				둑	둑			
둔	둔				둔	둔			
둘	둘				둘	둘			

2단계

● 자음·모음 따라쓰기

둥	둥			둥	둥		
뒤	뒤			뒤	뒤		
뒀	뒀			뒀	뒀		
뒤	뒤			뒤	뒤		
듀	듀			듀	듀		
득	득			득	득		
든	든			든	든		
들	들			들	들		
듯	듯			듯	듯		
등	등			등	등		
딘	딘			딘	딘		
땀	땀			땀	땀		
때	때			때	때		
땡	땡			땡	땡		
떤	떤			떤	떤		
떳	떳			떳	떳		
똥	똥			똥	똥		
뚝	뚝			뚝	뚝		

뛰	뛰				뛰	뛰			
뜻	뜻				뜻	뜻			
라	라				라	라			
락	락				락	락			
란	란				란	란			
람	람				람	람			
랑	랑				랑	랑			
랗	랗				랗	랗			
래	래				래	래			
램	램				램	램			
랴	랴				랴	랴			
략	략				략	략			
럭	럭				럭	럭			
런	런				런	런			
럼	럼				럼	럼			
럿	럿				럿	럿			
레	레				레	레			
렐	렐				렐	렐			

2단계

● 자음·모음 따라쓰기

력	력				력	력			
렵	렵				렵	렵			
령	령				령	령			
례	례				례	례			
록	록				록	록			
론	론				론	론			
롭	롭				롭	롭			
롱	롱				롱	롱			
룩	룩				룩	룩			
류	류				류	류			
륜	륜				륜	륜			
률	률				률	률			
르	르				르	르			
른	른				른	른			
를	를				를	를			
름	름				름	름			
리	리				리	리			
린	린				린	린			

림	림				림	림			
립	립				립	립			
링	링				링	링			
마	마				마	마			
막	막				막	막			
만	만				만	만			
말	말				말	말			
맘	맘				맘	맘			
맛	맛				맛	맛			
맞	맞				맞	맞			
맡	맡				맡	맡			
매	매				매	매			
맴	맴				맴	맴			
먀	먀				먀	먀			
머	머				머	머			
먹	먹				먹	먹			
먼	먼				먼	먼			
멀	멀				멀	멀			

2단계

● 자음·모음 따라쓰기

멈	멈				멈	멈			
멋	멋				멋	멋			
메	메				메	메			
멜	멜				멜	멜			
며	며				며	며			
면	면				면	면			
멸	멸				멸	멸			
명	명				명	명			
몇	몇				몇	몇			
모	모				모	모			
목	목				목	목			
몬	몬				몬	몬			
몰	몰				몰	몰			
몸	몸				몸	몸			
몹	몹				몹	몹			
못	못				못	못			
몽	몽				몽	몽			
뫼	뫼				뫼	뫼			

뭇	뭇				뭇	뭇			
묘	묘				묘	묘			
무	무				무	무			
묵	묵				묵	묵			
문	문				문	문			
묻	묻				묻	묻			
물	물				물	물			
뭄	뭄				뭄	뭄			
뭐	뭐				뭐	뭐			
뭔	뭔				뭔	뭔			
뮤	뮤				뮤	뮤			
뮨	뮨				뮨	뮨			
므	므				므	므			
믐	믐				믐	믐			
미	미				미	미			
민	민				민	민			
밀	밀				밀	밀			
밉	밉				밉	밉			

2단계

● 자음·모음 따라쓰기

바	바			바	바		
박	박			박	박		
반	반			반	반		
받	받			받	받		
발	발			발	발		
밤	밤			밤	밤		
밥	밥			밥	밥		
방	방			방	방		
밭	밭			밭	밭		
배	배			배	배		
백	백			백	백		
뱌	뱌			뱌	뱌		
버	버			버	버		
벅	벅			벅	벅		
번	번			번	번		
벋	벋			벋	벋		
벌	벌			벌	벌		
범	범			범	범		

자음·모음 따라쓰기

벙	벙				벙	벙			
벗	벗				벗	벗			
벚	벚				벚	벚			
베	베				베	베			
벵	벵				벵	벵			
벼	벼				벼	벼			
벽	벽				벽	벽			
변	변				변	변			
별	별				별	별			
병	병				병	병			
보	보				보	보			
복	복				복	복			
본	본				본	본			
볼	볼				볼	볼			
봄	봄				봄	봄			
봉	봉				봉	봉			
붓	붓				붓	붓			
봐	봐				봐	봐			

2단계

● 자음·모음 따라쓰기

봤	봤				봤	봤			
뵈	뵈				뵈	뵈			
뵌	뵌				뵌	뵌			
부	부				부	부			
북	북				북	북			
분	분				분	분			
불	불				불	불			
붓	붓				붓	붓			
뷔	뷔				뷔	뷔			
뷘	뷘				뷘	뷘			
뷰	뷰				뷰	뷰			
뷸	뷸				뷸	뷸			
브	브				브	브			
비	비				비	비			
빈	빈				빈	빈			
빌	빌				빌	빌			
빗	빗				빗	빗			
빙	빙				빙	빙			

 자음·모음 따라쓰기

빛	빛				빛	빛			
빤	빤				빤	빤			
빨	빨				빨	빨			
빵	빵				빵	빵			
빻	빻				빻	빻			
뻔	뻔				뻔	뻔			
뽐	뽐				뽐	뽐			
뿐	뿐				뿐	뿐			
사	사				사	사			
삭	삭				삭	삭			
산	산				산	산			
살	살				살	살			
삼	삼				삼	삼			
삽	삽				삽	삽			
삿	삿				삿	삿			
상	상				상	상			
새	새				새	새			
색	색				색	색			

자음·모음 따라쓰기 • 2단계

2단계

● 자음·모음 따라쓰기

생	생				생	생			
샤	샤				샤	샤			
서	서				서	서			
선	선				선	선			
섬	섬				섬	섬			
섭	섭				섭	섭			
세	세				세	세			
셋	셋				셋	셋			
셔	셔				셔	셔			
셨	셨				셨	셨			
소	소				소	소			
속	속				속	속			
손	손				손	손			
솔	솔				솔	솔			
솜	솜				솜	솜			
솟	솟				솟	솟			
송	송				송	송			
쇠	쇠				쇠	쇠			

쉿	쉿				싯	싯			
쇼	쇼				쇼	쇼			
수	수				수	수			
숙	숙				숙	숙			
순	순				순	순			
술	술				술	술			
숨	숨				숨	숨			
숫	숫				숫	숫			
숭	숭				숭	숭			
숯	숯				숯	숯			
숲	숲				숲	숲			
쉬	쉬				쉬	쉬			
쉰	쉰				쉰	쉰			
쉼	쉼				쉼	쉼			
슈	슈				슈	슈			
슐	슐				슐	슐			
스	스				스	스			
슬	슬				슬	슬			

2단계

● 자음·모음 따라쓰기

습	습				습	습		
승	승				승	승		
시	시				시	시		
식	식				식	식		
신	신				신	신		
실	실				실	실		
심	심				심	심		
십	십				십	십		
싹	싹				싹	싹		
쌈	쌈				쌈	쌈		
쌓	쌓				쌓	쌓		
썰	썰				썰	썰		
쏜	쏜				쏜	쏜		
쑥	쑥				쑥	쑥		
씩	씩				씩	씩		
아	아				아	아		
악	악				악	악		
안	안				안	안		

알	알				알	알			
암	암				암	암			
압	압				압	압			
앗	앗				앗	앗			
앙	앙				앙	앙			
앞	앞				앞	앞			
애	애				애	애			
액	액				액	액			
앵	앵				앵	앵			
야	야				야	야			
약	약				약	약			
양	양				양	양			
얘	얘				여	여			
어	어				어	어			
언	언				언	언			
얼	얼				얼	얼			
엄	엄				엄	엄			
업	업				업	업			

2단계

● 자음·모음 따라쓰기

엉	엉				엉	엉			
엊	엊				엊	엊			
에	에				에	에			
엘	엘				엘	엘			
엣	엣				엣	엣			
열	열				열	열			
염	염				염	염			
엿	엿				엿	엿			
영	영				영	영			
예	예				예	예			
옛	옛				옛	옛			
오	오				오	오			
옥	옥				옥	옥			
올	올				올	올			
옵	옵				옵	옵			
왕	왕				왕	왕			
윈	윈				윈	윈			
요	요				요	요			

욕	욕			옥	옥			
욤	욤			욤	욤			
용	용			용	용			
운	운			운	운			
울	울			울	울			
움	움			움	움			
원	원			원	원			
웨	웨			웨	웨			
윗	윗			윗	윗			
유	유			유	유			
육	육			육	육			
윤	윤			윤	윤			
율	율			율	율			
으	으			으	으			
은	은			은	은			
을	을			을	을			
읍	읍			읍	읍			
응	응			응	응			

2단계

● 자음·모음 따라쓰기

이	이				이	이			
인	인				인	인			
일	일				일	일			
임	임				임	임			
입	입				입	입			
잉	잉				잉	잉			
잊	잊				잊	잊			
잎	잎				잎	잎			
자	자				자	자			
작	작				작	작			
잔	잔				잔	잔			
잘	잘				잘	잘			
잠	잠				잠	잠			
잡	잡				잡	잡			
잣	잣				잣	잣			
장	장				장	장			
재	재				재	재			
쟁	쟁				쟁	쟁			

쟈	쟈				쟈	쟈			
저	저				저	저			
적	적				적	적			
전	전				전	전			
절	절				절	절			
점	점				점	점			
접	접				접	접			
젓	젓				젓	젓			
정	정				정	정			
젖	젖				젖	젖			
제	제				제	제			
젤	젤				젤	젤			
져	져				져	져			
졌	졌				졌	졌			
조	조				조	조			
족	족				족	족			
존	존				존	존			
졸	졸				졸	졸			

2단계

● 자음·모음 따라쓰기

좀	좀				좀	좀			
종	종				종	종			
좋	좋				좋	좋			
좌	좌				좌	좌			
죄	죄				죄	죄			
죈	죈				죈	죈			
죠	죠				죠	죠			
죽	죽				죽	죽			
준	준				준	준			
줄	줄				줄	줄			
줌	줌				줌	줌			
줍	줍				줍	줍			
줏	줏				줏	줏			
중	중				중	중			
줘	줘				줘	줘			
줬	줬				줬	줬			
쥐	쥐				쥐	쥐			
쥬	쥬				쥬	쥬			

쥴	쥴				줄	줄			
즈	즈				즈	즈			
즉	즉				즉	즉			
즙	즙				즙	즙			
증	증				증	증			
지	지				지	지			
짐	짐				짐	짐			
집	집				집	집			
짖	짖				짖	짖			
짝	짝				짝	짝			
짱	짱				짱	짱			
짹	짹				짹	짹			
쩔	쩔				쩔	쩔			
쯤	쯤				쯤	쯤			
차	차				차	차			
착	착				착	착			
찬	찬				찬	찬			
찰	찰				찰	찰			

2단계

● 자음·모음 따라쓰기

참	참				참	참			
찻	찻				찻	찻			
창	창				창	창			
찾	찾				찾	찾			
채	채				채	채			
책	책				책	책			
챠	챠				챠	챠			
챤	챤				챤	챤			
처	처				처	처			
척	척				척	척			
천	천				천	천			
철	철				철	철			
첨	첨				첨	첨			
첩	첩				첩	첩			
첫	첫				첫	첫			
청	청				청	청			
체	체				체	체			
쳐	쳐				쳐	쳐			

첬	첬				첫	첫			
초	초				초	초			
촉	촉				촉	촉			
촌	촌				촌	촌			
촘	촘				촘	촘			
촛	촛				촛	촛			
총	총				총	총			
최	최				최	최			
쵸	쵸				쵸	쵸			
축	축				축	축			
춘	춘				춘	춘			
출	출				출	출			
춤	춤				춤	춤			
충	충				충	충			
취	취				취	취			
췄	췄				췄	췄			
췌	췌				췌	췌			
취	취				츼	츼			

2단계

● 자음·모음 따라쓰기

츄	츄				츅	츅			
츌	츌				츌	츌			
츠	츠				츠	츠			
측	측				측	측			
층	층				층	층			
칙	칙				칙	칙			
친	친				친	친			
칠	칠				칠	칠			
침	침				침	침			
칩	칩				칩	칩			
첫	첫				첫	첫			
칭	칭				칭	칭			
카	카				카	카			
칸	칸				칸	칸			
칼	칼				칼	칼			
캐	캐				캐	캐			
캔	캔				캔	캔			
캬	캬				캬	캬			

커	커				키	키			
컨	컨				킨	킨			
컵	컵				킵	킵			
케	케				케	케			
켈	켈				킬	킬			
켜	켜				켜	켜			
켠	켠				켠	켠			
켰	켰				켰	켰			
코	코				큰	큰			
콕	콕				콕	콕			
콜	콜				콜	콜			
콧	콧				콧	콧			
콩	콩				콩	콩			
콰	콰				콰	콰			
쾅	쾅				쾅	쾅			
쿄	쿄				쿄	쿄			
쿠	쿠				쿠	쿠			
쿡	쿡				쿡	쿡			

● 자음·모음 따라쓰기

퀴	퀴				퀴	퀴			
퀸	퀸				퀸	퀸			
큐	큐				큐	큐			
큘	큘				쿨	쿨			
크	크				크	크			
큰	큰				큰	큰			
큼	큼				큼	큼			
키	키				키	키			
킨	킨				킨	킨			
킹	킹				킹	킹			
타	타				타	타			
탄	탄				탄	탄			
탈	탈				탈	탈			
탑	탑				탑	탑			
탕	탕				탕	탕			
태	태				태	태			
택	택				택	택			
터	터				터	터			

턱	턱				틱	틱			
턴	턴				틴	틴			
털	털				틸	틸			
텀	텀				팀	팀			
텃	텃				팃	팃			
테	테				헤	헤			
텐	텐				톈	톈			
토	토				호	호			
톡	톡				혹	혹			
톤	톤				혼	혼			
톨	톨				홀	홀			
톱	톱				홉	홉			
톳	톳				홋	홋			
통	통				홍	홍			
퇴	퇴				회	회			
퇸	퇸				횐	횐			
툇	툇				횟	횟			
투	투				후	후			

2단계

● 자음·모음 따라쓰기

툭	툭				툭	툭			
뒤	뒤				뒤	뒤			
뒀	뒀				뒀	뒀			
튀	튀				튀	튀			
튄	튄				튄	튄			
튜	튜				튜	튜			
튤	튤				튤	튤			
트	트				트	트			
튼	튼				튼	튼			
틀	틀				틀	틀			
틈	틈				틈	틈			
틔	틔				틔	틔			
티	티				티	티			
팀	팀				팀	팀			
파	파				파	파			
판	판				판	판			
팔	팔				팔	팔			
팜	팜				팜	팜			

팝	팝			팝	팝		
팡	팡			팡	팡		
팥	팥			팥	팥		
패	패			패	패		
팬	팬			팬	팬		
팻	팻			팻	팻		
팽	팽			팽	팽		
퍼	퍼			퍼	퍼		
퍽	퍽			퍽	퍽		
펄	펄			펄	펄		
펌	펌			펌	펌		
펑	펑			펑	펑		
펐	펐			펐	펐		
페	페			페	페		
펜	펜			펜	펜		
펴	펴			펴	펴		
편	편			편	편		
펼	펼			펼	펼		

2단계

● 자음·모음 따라쓰기

평	평				평	평			
폐	폐				폐	폐			
포	포				포	포			
폰	폰				폰	폰			
폼	폼				폼	폼			
퐁	퐁				퐁	퐁			
표	표				표	표			
푸	푸				푸	푸			
푼	푼				푼	푼			
풀	풀				풀	풀			
품	품				품	품			
풋	풋				풋	풋			
풍	풍				풍	풍			
풔	풔				풔	풔			
퓨	퓨				퓨	퓨			
플	플				플	플			
픔	픔				픔	픔			
피	피				피	피			

핀	핀				핀	핀			
핍	핍				핍	핍			
하	하				하	하			
학	학				학	학			
한	한				한	한			
할	할				할	할			
함	함				함	함			
합	합				합	합			
항	항				항	항			
해	해				해	해			
핸	핸				핸	핸			
행	행				행	행			
향	향				향	향			
허	허				허	허			
헌	헌				헌	헌			
헐	헐				헐	헐			
험	험				험	험			
헤	헤				헤	헤			

2단계

● 자음·모음 따라쓰기

헬	헬				헬	헬			
헹	헹				헹	헹			
혀	혀				혀	혀			
혁	혁				혁	혁			
혈	혈				혈	혈			
협	협				협	협			
혜	혜				혜	혜			
호	호				호	호			
혹	혹				혹	혹			
혼	혼				혼	혼			
홀	홀				홀	홀			
홉	홉				홉	홉			
홍	홍				홍	홍			
화	화				화	화			
환	환				환	환			
회	회				회	회			
획	획				획	획			
효	효				효	효			

자음·모음 따라쓰기

후	후				후	후			
훈	훈				훈	훈			
훌	훌				훌	훌			
훤	훤				훤	훤			
휴	휴				휴	휴			
흐	흐				흐	흐			
흑	흑				흑	흑			
흥	흥				흥	흥			
흰	흰				흰	흰			
히	히				히	히			
힘	힘				힘	힘			

3단계 왕초보
한글
쓰기교본

Part III

3단계 왕초보 한글 쓰기교본 Part III

3단계

실용문장 따라 쓰기

- 단어 · 문장 따라쓰기
- 단어와 문장 글씨연습
- 명언쓰기 연습
- 경제 · 경영 용어쓰기
- 정자체 가로 쓰기
- 반흘림체 가로 쓰기
- 정자체 세로 쓰기
- 반흘림체 세로 쓰기

단어와 문장 글씨연습

거미	거미
거미	거미
나무	나무
나무	나무
다리미	다리미
다리미	다리미
리본	리본
리본	리본
마음 정다운	마음 정다운
마음 정다운	마음 정다운
내 친구	내 친구
내 친구	내 친구

시장	시장
시장	시장
오리	오리
오리	오리
즐거운	즐거운
즐거운	즐거운
차례	차례
차례	차례
카드	카드
카드	카드
태극기	태극기
태극기	태극기

3단계

● 단어와 문장 글씨연습

피아노	피아노
피아노	피아노
학교	학교
학교	학교
아버지	아버지
아버지	아버지
야자수	야자수
야자수	야자수
어머니	어머니
어머니	어머니
여치	여치
여치	여치

오리	오리
오리	오리
요리사	요리사
요리사	요리사
우유	우유
우유	우유
유리창	유리창
유리창	유리창
으뜸상	으뜸상
으뜸상	으뜸상
이야기	이야기
이야기	이야기

● 단어와 문장 글씨연습

그림을 잘 그립니다.	그림을 잘 그립니다.
그림을 잘 그립니다.	그림을 잘 그립니다.
화가가 되고 싶습니다.	화가가 되고 싶습니다.
화가가 되고 싶습니다.	화가가 되고 싶습니다.
피아노를 칩니다.	피아노를 칩니다.
피아노를 칩니다.	피아노를 칩니다.
어머니께 인사를 합니다.	어머니께 인사를 합니다.
어머니께 인사를 합니다.	어머니께 인사를 합니다.
"수진아, 안녕?"	"수진아, 안녕?"
"수진아, 안녕?"	"수진아, 안녕?"
"진수야, 안녕?"	"진수야, 안녕?"
"진수야, 안녕?"	"진수야, 안녕?"

친구와 함께 갑니다.	친구와 함께 갑니다.
친구와 함께 갑니다.	친구와 함께 갑니다.
어서어서 자라라	어서어서 자라라
어서어서 자라라	어서어서 자라라
큰 나무 되지	큰 나무 되지
큰 나무 되지	큰 나무 되지
무엇이 될까?	무엇이 될까?
무엇이 될까?	무엇이 될까?
끝나는 말은	끝나는 말은
끝나는 말은	끝나는 말은
꾀꼬리 목소리	꾀꼬리 목소리
꾀꼬리 목소리	꾀꼬리 목소리

3단계

● 단어와 문장 글씨연습

개나리 울타리	개나리 울타리
개나리 울타리	개나리 울타리
오리 한 마리	오리 한 마리
오리 한 마리	오리 한 마리
글자가 같은 낱말	글자가 같은 낱말
글자가 같은 낱말	글자가 같은 낱말
병아리 세 마리	병아리 세 마리
병아리 세 마리	병아리 세 마리
다리, 보금자리, 딱따구리	다리, 보금자리, 딱따구리
다리, 보금자리, 딱따구리	다리, 보금자리, 딱따구리
돌다리, 고사리, 메아리	돌다리, 고사리, 메아리
돌다리, 고사리, 메아리	돌다리, 고사리, 메아리

개구리, 풀피리, 며느리	개구리, 풀피리, 며느리
개구리, 풀피리, 며느리	개구리, 풀피리, 며느리
시냇물이 졸졸졸	시냇물이 졸졸졸
시냇물이 졸졸졸	시냇물이 졸졸졸
재미있는 말	재미있는 말
재미있는 말	재미있는 말
흉내내는 말	흉내내는 말
흉내내는 말	흉내내는 말
엄마돼지	엄마돼지
엄마돼지	엄마돼지
토실토실 아기돼지	토실토실 아기돼지
토실토실 아기돼지	토실토실 아기돼지

3단계

● 단어와 문장 글씨연습

밥 달라고 꿀꿀꿀	밥 달라고 꿀꿀꿀
밥 달라고 꿀꿀꿀	밥 달라고 꿀꿀꿀
오냐오냐 알았다고	오냐오냐 알았다고
오냐오냐 알았다고	오냐오냐 알았다고
엄마오리 연못 속에 풍덩	엄마오리 연못 속에 풍덩
엄마오리 연못 속에 풍덩	엄마오리 연못 속에 풍덩
아기오리 엄마 따라 퐁당	아기오리 엄마 따라 퐁당
아기오리 엄마 따라 퐁당	아기오리 엄마 따라 퐁당
엄마오리 연못 위에 둥둥	엄마오리 연못 위에 둥둥
엄마오리 연못 위에 둥둥	엄마오리 연못 위에 둥둥
아기오리 엄마 따라 동동	아기오리 엄마 따라 동동
아기오리 엄마 따라 동동	아기오리 엄마 따라 동동

곰이 골짜기에서	곰이 골짜기에서
곰이 골짜기에서	곰이 골짜기에서
가재를 잡고 있습니다.	가재를 잡고 있습니다.
가재를 잡고 있습니다.	가재를 잡고 있습니다.
슬금슬금 다가갑니다.	슬금슬금 다가갑니다.
슬금슬금 다가갑니다.	슬금슬금 다가갑니다.
나눠 먹지 않을래?	나눠 먹지 않을래?
나눠 먹지 않을래?	나눠 먹지 않을래?
성큼성큼 따라갑니다.	성큼성큼 따라갑니다.
성큼성큼 따라갑니다.	성큼성큼 따라갑니다.
헤헤, 맛있겠다.	헤헤, 맛있겠다.
헤헤, 맛있겠다.	헤헤, 맛있겠다.

3단계

○ 단어와 문장 글씨연습

살금살금 나무 위로	살금살금 나무 위로
살금살금 나무 위로	살금살금 나무 위로
여우를 쫓아가며	여우를 쫓아가며
여우를 쫓아가며	여우를 쫓아가며
퉁퉁 부어오릅니다.	퉁퉁 부어오릅니다.
퉁퉁 부어오릅니다.	퉁퉁 부어오릅니다.
엉엉 소리내어 웁니다.	엉엉 소리내어 웁니다.
엉엉 소리내어 웁니다.	엉엉 소리내어 웁니다.
밭을 매러 가시고	밭을 매러 가시고
밭을 매러 가시고	밭을 매러 가시고
혼자서 집을 봅니다.	혼자서 집을 봅니다.
혼자서 집을 봅니다.	혼자서 집을 봅니다.

깡충깡충 뛰어나옵니다.	깡충깡충 뛰어나옵니다.
깡충깡충 뛰어나옵니다.	깡충깡충 뛰어나옵니다.
깡충깡충 뛰어나옵니다.	깡충깡충 뛰어나옵니다.
깡충깡충 뛰어나옵니다.	깡충깡충 뛰어나옵니다.
외양간 빗장을 풀자	외양간 빗장을 풀자
외양간 빗장을 풀자	외양간 빗장을 풀자
경중경중 뛰어나옵니다.	경중경중 뛰어나옵니다.
경중경중 뛰어나옵니다.	경중경중 뛰어나옵니다.
오물오물 맛있게	오물오물 맛있게
오물오물 맛있게	오물오물 맛있게
허둥허둥 달려갑니다.	허둥허둥 달려갑니다.
허둥허둥 달려갑니다.	허둥허둥 달려갑니다.

3단계

● 단어와 문장 글씨연습

우적주적 우물우물	우적주적 우물우물
우적주적 우물우물	우적주적 우물우물
발을 동동 구릅니다.	발을 동동 구릅니다.
발을 동동 구릅니다.	발을 동동 구릅니다.
짹짹짹짹 참새 소리	짹짹짹짹 참새 소리
짹짹짹짹 참새 소리	짹짹짹짹 참새 소리
꽉꽉꽉꽉 오리 소리	꽉꽉꽉꽉 오리 소리
꽉꽉꽉꽉 오리 소리	꽉꽉꽉꽉 오리 소리
거북처럼 기어 보자.	거북처럼 기어 보자.
거북처럼 기어 보자.	거북처럼 기어 보자.
토끼처럼 뛰어 보자.	토끼처럼 뛰어 보자.
토끼처럼 뛰어 보자.	토끼처럼 뛰어 보자.

코부터 발름발름	코부터 발름발름
코부터 발름발름	코부터 발름발름
눈부터 생글생글	눈부터 생글생글
눈부터 생글생글	눈부터 생글생글
입부터 삐죽삐죽	입부터 삐죽삐죽
입부터 삐죽삐죽	입부터 삐죽삐죽
손부터 죄암죄암	손부터 죄암죄암
손부터 죄암죄암	손부터 죄암죄암
아장아장, 방글방글	아장아장, 방글방글
아장아장, 방글방글	아장아장, 방글방글
도리도리, 흔들흔들	도리도리, 흔들흔들
도리도리, 흔들흔들	도리도리, 흔들흔들

○ 단어와 문장 글씨연습

뒤뚱뒤뚱, 끄덕끄덕	뒤뚱뒤뚱, 끄덕끄덕
뒤뚱뒤뚱, 끄덕끄덕	뒤뚱뒤뚱, 끄덕끄덕
바람 타고 동동동	바람 타고 동동동
바람 타고 동동동	바람 타고 동동동
구름까지 올라라	구름까지 올라라
구름까지 올라라	구름까지 올라라
둥실둥실 두둥실	둥실둥실 두둥실
둥실둥실 두둥실	둥실둥실 두둥실
비눗방울 날아라.	비눗방울 날아라.
비눗방울 날아라.	비눗방울 날아라.
지붕 위에 동동동	지붕 위에 동동동
지붕 위에 동동동	지붕 위에 동동동

하늘까지 올라라.	하늘까지 올라라.
하늘까지 올라라.	하늘까지 올라라.
잠을 자려고 누웠습니다.	잠을 자려고 누웠습니다.
잠을 자려고 누웠습니다.	잠을 자려고 누웠습니다.
자꾸 떠올랐습니다.	자꾸 떠올랐습니다.
자꾸 떠올랐습니다.	자꾸 떠올랐습니다.
헤엄치는 모습	헤엄치는 모습
헤엄치는 모습	헤엄치는 모습
따라 갑니다.	따라 갑니다.
따라 갑니다.	따라 갑니다.
나와 함께 바닷속으로	나와 함께 바닷속으로
나와 함께 바닷속으로	나와 함께 바닷속으로

3단계

● 단어와 문장 글씨연습

구경 가지 않을래?	구경 가지 않을래?
구경 가지 않을래?	구경 가지 않을래?
예쁜 물고기들이 꼬리를	예쁜 물고기들이 꼬리를
예쁜 물고기들이 꼬리를	예쁜 물고기들이 꼬리를
살래살래 흔들었습니다.	살래살래 흔들었습니다.
살래살래 흔들었습니다.	살래살래 흔들었습니다.
초록색 풀들은	초록색 풀들은
초록색 풀들은	초록색 풀들은
한들한들 춤을 추었습니다.	한들한들 춤을 추었습니다.
한들한들 춤을 추었습니다.	한들한들 춤을 추었습니다.
재빠르게 다가왔습니다.	재빠르게 다가왔습니다.
재빠르게 다가왔습니다.	재빠르게 다가왔습니다.

동굴에 갇혔어요.	동굴에 갇혔어요.
동굴에 갇혔어요.	동굴에 갇혔어요.
휘파람을 휙 불었습니다.	휘파람을 휙 불었습니다.
휘파람을 휙 불었습니다.	휘파람을 휙 불었습니다.
동굴 입구에 쌓인 돌	동굴 입구에 쌓인 돌
동굴 입구에 쌓인 돌	동굴 입구에 쌓인 돌
아기물고기들이 우르르	아기물고기들이 우르르
아기물고기들이 우르르	아기물고기들이 우르르
쏟아져 나왔습니다.	쏟아져 나왔습니다.
쏟아져 나왔습니다.	쏟아져 나왔습니다.
"꿈을 꾸었구나!"	"꿈을 꾸었구나!"
"꿈을 꾸었구나!"	"꿈을 꾸었구나!"

3단계

● 단어와 문장 글씨연습

방안을 두리번거렸습니다.	방안을 두리번거렸습니다.
방안을 두리번거렸습니다.	방안을 두리번거렸습니다.
운동을 열심히 하는 것	운동을 열심히 하는 것
운동을 열심히 하는 것	운동을 열심히 하는 것
아침에 일찍 일어나	아침에 일찍 일어나
아침에 일찍 일어나	아침에 일찍 일어나
오후에는 친구들과 함께	오후에는 친구들과 함께
오후에는 친구들과 함께	오후에는 친구들과 함께
축구를 합니다.	축구를 합니다.
축구를 합니다.	축구를 합니다.
시골 풍경이 아름다웠습니다.	시골 풍경이 아름다웠습니다.
시골 풍경이 아름다웠습니다.	시골 풍경이 아름다웠습니다.

 따라쓰기

어렸을 때 냇가에서	어렸을 때 냇가에서
어렸을 때 냇가에서	어렸을 때 냇가에서
물고기가 살고 있겠지요?	물고기가 살고 있겠지요?
물고기가 살고 있겠지요?	물고기가 살고 있겠지요?
꽃들이 방긋방긋	꽃들이 방긋방긋
꽃들이 방긋방긋	꽃들이 방긋방긋
"어, 언제부터 이렇게 되었지?"	"어, 언제부터 이렇게 되었지?"
"어, 언제부터 이렇게 되었지?"	"어, 언제부터 이렇게 되었지?"
표정이 어두워졌습니다.	표정이 어두워졌습니다.
표정이 어두워졌습니다.	표정이 어두워졌습니다.
맑은 물과 뛰어노는 물고기	맑은 물과 뛰어노는 물고기
맑은 물과 뛰어노는 물고기	맑은 물과 뛰어노는 물고기

3단계

● 단어와 문장 글씨연습

햇볕이 따스한 오후	햇볕이 따스한 오후
햇볕이 따스한 오후	햇볕이 따스한 오후
모래성을 쌓고 싶어.	모래성을 쌓고 싶어.
모래성을 쌓고 싶어.	모래성을 쌓고 싶어.
'뎅, 뎅, 뎅.'	'뎅, 뎅, 뎅.'
'뎅, 뎅, 뎅.'	'뎅, 뎅, 뎅.'
'뻐꾹, 뻐꾹, 뻐꾹.'	'뻐꾹, 뻐꾹, 뻐꾹.'
'뻐꾹, 뻐꾹, 뻐꾹.'	'뻐꾹, 뻐꾹, 뻐꾹.'
소리를 뽐내었습니다.	소리를 뽐내었습니다.
소리를 뽐내었습니다.	소리를 뽐내었습니다.
시끄러운 소리를 내니?	시끄러운 소리를 내니?
시끄러운 소리를 내니?	시끄러운 소리를 내니?

왜 뻐꾸기 흉내를 내니?	왜 뻐꾸기 흉내를 내니?
왜 뻐꾸기 흉내를 내니?	왜 뻐꾸기 흉내를 내니?
시각을 알려 주어서 고맙다고?	시각을 알려 주어서 고맙다고?
시각을 알려 주어서 고맙다고?	시각을 알려 주어서 고맙다고?
송이가 좋아하는구나!	송이가 좋아하는구나!
송이가 좋아하는구나!	송이가 좋아하는구나!
소리를 뽐내는	소리를 뽐내는
소리를 뽐내는	소리를 뽐내는
시각을 정확하게 알려주는	시각을 정확하게 알려주는
시각을 정확하게 알려주는	시각을 정확하게 알려주는
윤호의 장난감을 찾았습니다.	윤호의 장난감을 찾았습니다.
윤호의 장난감을 찾았습니다.	윤호의 장난감을 찾았습니다.

3단계

● 단어와 문장 글씨연습

"형, 장난감 어디 있어?"	"형, 장난감 어디 있어?"
"형, 장난감 어디 있어?"	"형, 장난감 어디 있어?"
"형, 이 비행기 나 줘."	"형, 이 비행기 나 줘."
"형, 이 비행기 나 줘."	"형, 이 비행기 나 줘."
안 돼.	안 돼.
안 돼.	안 돼.
"내가 아끼는 장난감이야."	"내가 아끼는 장난감이야."
"내가 아끼는 장난감이야."	"내가 아끼는 장난감이야."
"형은 장난감이 많잖아?"	"형은 장난감이 많잖아?"
"형은 장난감이 많잖아?"	"형은 장난감이 많잖아?"
빗물에 떠내려가지 않으려고	빗물에 떠내려가지 않으려고
빗물에 떠내려가지 않으려고	빗물에 떠내려가지 않으려고

풀을 꽉 잡았습니다.	풀을 꽉 잡았습니다.
풀을 꽉 잡았습니다.	풀을 꽉 잡았습니다.
비를 피할 곳을 찾기 위해	비를 피할 곳을 찾기 위해
비를 피할 곳을 찾기 위해	비를 피할 곳을 찾기 위해
주위를 둘러보았습니다.	주위를 둘러보았습니다.
주위를 둘러보았습니다.	주위를 둘러보았습니다.
빗물에 끄덕도 않은 채	빗물에 끄덕도 않은 채
빗물에 끄덕도 않은 채	빗물에 끄덕도 않은 채
앉아 있는 모습이	앉아 있는 모습이
앉아 있는 모습이	앉아 있는 모습이
달팽이를 부러워하였습니다.	달팽이를 부러워하였습니다.
달팽이를 부러워하였습니다.	달팽이를 부러워하였습니다.

3단계

● 단어와 문장 글씨연습

"개미야, 여기 와서 비를 피하렴."
"개미야, 여기 와서 비를 피하렴."
"개미야, 여기 와서 비를 피하렴."
"개미야, 여기 와서 비를 피하렴."
가끔 무지개가 뜨는 것을 볼 수 있습니다.
가끔 무지개가 뜨는 것을 볼 수 있습니다.
가끔 무지개가 뜨는 것을 볼 수 있습니다.
가끔 무지개가 뜨는 것을 볼 수 있습니다.

반원 모양의 띠	반원 모양의 띠
반원 모양의 띠	반원 모양의 띠
공중에 떠 있는 물방울	공중에 떠 있는 물방울
공중에 떠 있는 물방울	공중에 떠 있는 물방울

음력 8월 15일입니다.	음력 8월 15일입니다.
음력 8월 15일입니다.	음력 8월 15일입니다.
추석 무렵이 되면	추석 무렵이 되면
추석 무렵이 되면	추석 무렵이 되면

한 해의 계획을 세우기도 합니다.	
한 해의 계획을 세우기도 합니다.	
한 해의 계획을 세우기도 합니다.	
한 해의 계획을 세우기도 합니다.	

웃어른께 세배를 드립니다.	웃어른께 세배를 드립니다.
웃어른께 세배를 드립니다.	웃어른께 세배를 드립니다.
설에는 떡국도 끓여 먹고	설에는 떡국도 끓여 먹고
설에는 떡국도 끓여 먹고	설에는 떡국도 끓여 먹고

3단계

● 단어와 문장 글씨연습

햇곡식과 햇과일로 차례를 지냅니다.

햇곡식과 햇과일로 차례를 지냅니다.

햇곡식과 햇과일로 차례를 지냅니다.

햇곡식과 햇과일로 차례를 지냅니다.

윷놀이나 연날리기를 하기도 합니다.

윷놀이나 연날리기를 하기도 합니다.

윷놀이나 연날리기를 하기도 합니다.

윷놀이나 연날리기를 하기도 합니다.

고된 일을 쉬면서 하루를 즐겁게 놉니다.

고된 일을 쉬면서 하루를 즐겁게 놉니다.

고된 일을 쉬면서 하루를 즐겁게 놉니다.

고된 일을 쉬면서 하루를 즐겁게 놉니다.

창포를 삶은 물	창포를 삶은 물
창포를 삶은 물	창포를 삶은 물

풍년을 기원하는 여러 가지 행사
풍년을 기원하는 여러 가지 행사

풍년을 기원하는 여러 가지 행사
풍년을 기원하는 여러 가지 행사

머릿결이 좋아진다고 믿기 때문
머릿결이 좋아진다고 믿기 때문

머릿결이 좋아진다고 믿기 때문
머릿결이 좋아진다고 믿기 때문

여름 내내 땀 흘린 덕분	여름 내내 땀 흘린 덕분
여름 내내 땀 흘린 덕분	여름 내내 땀 흘린 덕분

3단계

○ 단어와 문장 글씨연습

풍성한 곡식과 과일	풍성한 곡식과 과일
풍성한 곡식과 과일	풍성한 곡식과 과일

태어나자마자 찍었다는 발도장	태어나자마자 찍었다는 발도장
태어나자마자 찍었다는 발도장	태어나자마자 찍었다는 발도장

아랫니 두 개	아랫니 두 개
아랫니 두 개	아랫니 두 개

신기하고 대견스러운 그 모습	신기하고 대견스러운 그 모습
신기하고 대견스러운 그 모습	신기하고 대견스러운 그 모습

새싹처럼 뾰족하게 올라와 있었다.
새싹처럼 뾰족하게 올라와 있었다.
새싹처럼 뾰족하게 올라와 있었다.
새싹처럼 뾰족하게 올라와 있었다.

밤늦도록 잠을 자려 하지 않아서	밤늦도록 잠을 자려 하지 않아서
밤늦도록 잠을 자려 하지 않아서	밤늦도록 잠을 자려 하지 않아서

"좋은 기록이 될 거야."	"좋은 기록이 될 거야."
"좋은 기록이 될 거야."	"좋은 기록이 될 거야."

뒤뚱거리며 걷기가 겁이 났나 보다.

뒤뚱거리며 걷기가 겁이 났나 보다.

뒤뚱거리며 걷기가 겁이 났나 보다.

뒤뚱거리며 걷기가 겁이 났나 보다.

풀을 꽃밭에 심기로 하였습니다.

풀을 꽃밭에 심기로 하였습니다.

풀을 꽃밭에 심기로 하였습니다.

풀을 꽃밭에 심기로 하였습니다.

3단계

○ 단어와 문장 글씨연습

푯말을 꽂았습니다.	푯말을 꽂았습니다.
푯말을 꽂았습니다.	푯말을 꽂았습니다.

벌레 물린 곳에 바르면 잘 낫는다고 합니다.
벌레 물린 곳에 바르면 잘 낫는다고 합니다.
벌레 물린 곳에 바르면 잘 낫는다고 합니다.
벌레 물린 곳에 바르면 잘 낫는다고 합니다.

강아지 꼬리를 닮아서	강아지 꼬리를 닮아서
강아지 꼬리를 닮아서	강아지 꼬리를 닮아서

추운 겨울에도 즐겨 먹습니다.	추운 겨울에도 즐겨 먹습니다.
추운 겨울에도 즐겨 먹습니다.	추운 겨울에도 즐겨 먹습니다.

줄기를 자르면 노란 즙이 나옵니다.
줄기를 자르면 노란 즙이 나옵니다.

줄기를 자르면 노란 즙이 나옵니다.	
줄기를 자르면 노란 즙이 나옵니다.	
알갱이가 굵어서	알갱이가 굵어서
알갱이가 굵어서	알갱이가 굵어서

3단계

명언 쓰기연습

희망은 영원히 인간의 가슴속에 솟아난다. 인간은 언제나 당장 행복할 수는 없다. 인간의 행복이란 항상 앞으로 전진하고 탐구하는 데 있다. 〈포드〉

희망은 영원히 인간의 가슴속에 솟아난다. 인간은 언제나 당장 행복할 수는 없다. 인간의 행복이란 항상 앞으로 전진하고 탐구하는 데 있다.

힘은 희망을 가지는 사람에게 있고, 용기는 속에 있는 의지에서 우러나는 것이다. 〈펄 벅〉

힘은 희망을 가지는 사람에게 있고, 용기는 속에 있는 의지에서 우러나는 것이다.

소망을 너무 높게 갖지 말라! 올라가지 못할 소망을 너무 높게 가지면 눈앞의 할 일마저 놓치고 만다. 〈에머슨〉

소망을 너무 높게 갖지 말라! 올라가지 못할 소망을 너무 높게 가지면 눈앞의 할 일마저 놓치고 만다.

겨울이 오면 봄도 멀지 않다. 〈셸리〉

겨울이 오면 봄도 멀지 않다.

나는 하나의 절실한 소원을 가지고 있다. 그것을 내가 이 세상에 태어난 까닭에 조금이라도 세상일이 좋게 되어 간다는 것을 볼 때까지 살고 싶다는 것이다. 〈링컨〉

나는 하나의 절실한 소원을 가지고 있다. 그것을 내가 이 세상에 태어난 까닭에 조금이라도 세상일이 좋게 되어 간다는 것을 볼 때까지 살고 싶다는 것이다.

희망은 영원한 기쁨이다. 희망은 인간이 소유하고 있는 토지와 같은 것이다. 그러므로 희망은 해마다 이익을 남기며 결코 다 써 버릴 수는 없는 확실한 재산과 같다. 〈R. L. 스티븐슨〉

희망은 영원한 기쁨이다. 희망은 인간이 소유하고 있는 토지와 같은 것이다. 그러므로 희망은 해마다 이익을 남기며 결코 다 써 버릴 수는 없는 확실한 재산과 같다.

행복한 사람이 갖는 불행이란 절망뿐이며, 불행한 사람이 갖는 행복이란 희망을 갖는 일이다. 〈루루〉

행복한 사람이 갖는 불행이란 절망뿐이며, 불행한 사람이 갖는 행복이란 희망을 갖는 일이다.

3단계

○ 명언 쓰기연습

희망이란 도대체 만들 수 없는 형상이다. 그러나 희망이란 단 한 가지 평탄한 길을 거쳐 인생의 종착역까지 갈 수 있게 해 주는 것이다. 〈라 로슈푸코〉

희망이란 도대체 만들 수 없는 형상이다. 그러나 희망이란 단 한 가지 평탄한 길을 거쳐 인생의 종착역까지 갈 수 있게 해 주는 것이다.

인생은 장미꽃의 희망이다. 단 피어나지 않을 동안만의. 〈키츠〉

인생은 장미꽃의 희망이다. 단 피어나지 않을 동안만의.

너의 행동은 낮게 하고 희망은 높이 가지라. 〈조지 허버트〉

너의 행동은 낮게 하고 희망은 높이 가지라.

희망은 애국심의 근원이다. 〈로이드 조지〉

희망은 애국심의 근원이다.

희망은 가난한 인간의 빵이다. 〈탈레스〉

희망은 가난한 인간의 빵이다.

인생에는 두 개의 비극이 있다. 하나는 그 소망을 이루는 것이며 다른 하나는 그것을 이룰 수 없는 것이다.
〈G. B. 쇼〉

인생에는 두 개의 비극이 있다. 하나는 그 소망을 이루는 것이며 다른 하나는 그것을 이룰 수 없는 것이다.

희망은 사람을 성공으로 인도하는 신앙이다. 희망 없이는 어떤 일도 이룰 수 없으며 희망이 없이는 인간 생활이 영위될 수도 없다.
〈헬렌 켈러〉

희망은 사람을 성공으로 인도하는 신앙이다. 희망 없이는 어떤 일도 이룰 수 없으며 희망이 없이는 인간 생활이 영위될 수도 없다.

무슨 일에든지 희망을 거는 것은 실망을 하는 것보다 낫다. 왜냐하면 어떠한 일이든지 꼭 가능하다고 누구든지 믿을 수 없기 때문이다.
〈괴테〉

무슨 일에든지 희망을 거는 것은 실망을 하는 것보다 낫다. 왜냐하면 어떠한 일이든지 꼭 가능하다고 누구든지 믿을 수 없기 때문이다.

● 명언 쓰기연습

크든 작든 원래 지닌 터전에 내 힘으로 가꿀 수 있는 한도 안에서만 희망의 결실이 얻어지는 법이다. 그러나 흔히 이 한도 밖에서 찾으려는 데서 환멸의 결과가 누적되기 쉽다. 〈채근담(採根譚)〉

크든 작든 원래 지닌 터전에 내 힘으로 가꿀 수 있는 한도 안에서만 희망의 결실이 얻어지는 법이다. 그러나 흔히 이 한도 밖에서 찾으려는 데서 환멸의 결과가 누적되기 쉽다.

희망이 달아날지언정 용기마저 놓쳐서는 안 된다. 희망은 종종 우리들을 속이지만 용기는 우리를 속이지도 않을 뿐더러 힘을 북돋아 주는 약이 되기 때문이다. 〈채근담(菜根譚)〉

희망이 달아날지언정 용기마저 놓쳐서는 안 된다. 희망은 종종 우리들을 속이지만 용기는 우리를 속이지도 않을 뿐더러 힘을 북돋아 주는 약이 되기 때문이다.

인내란 희망을 갖는 기술이다. 〈보브나르그〉

인내란 희망을 갖는 기술이다.

신앙과 사랑에 대한 목표를 갖지 않을 사람에겐 역시 목표 없는 희망이 있을 뿐이다. 〈라파엘〉

신앙과 사랑에 대한 목표를 갖지 않을 사람에겐 역시 목표 없는 희망이 있을 뿐이다.

소망대로의 행복을 얻지 못한 지난날을 버리고, 진실로 자기를 위한 길을 찾고자 하는 희망이야말로 재생할 수 있는 사람만이 가지는 매력이다. 〈A. 모로아〉

소망대로의 행복을 얻지 못한 지난날을 버리고, 진실로 자기를 위한 길을 찾고자 하는 희망이야말로 재생할 수 있는 사람만이 가지는 매력이다.

보다 높은 이상이 없었더라면 인류는 쉬지 않고 일하는 개미떼와 무슨 차이가 있을 것인가. 〈헤겔〉

보다 높은 이상이 없었더라면 인류는 쉬지 않고 일하는 개미떼와 무슨 차이가 있을 것인가.

긴 희망은 짧은 경탄보다도 감미롭다. 〈장 파울〉

긴 희망은 짧은 경탄보다도 감미롭다.

● 명언 쓰기연습

절망은 우리들의 전진을 가로막는다. 절망은 우리들의 희망을 좀먹는다. 절망은 우리들의 강한 의지를 꺾어 눕힌다. 절망은 우리들의 연약한 힘을 견디기 어렵게 만든다. 까닭에 절망은 인간에게 있어서 죽음보다도 더 무서운 현상인 것이다. 〈보브나르그〉

절망은 우리들의 전진을 가로막는다. 절망은 우리들의 희망을 좀먹는다. 절망은 우리들의 강한 의지를 꺾어 눕힌다. 절망은 우리들의 연약한 힘을 견디기 어렵게 만든다. 까닭에 절망은 인간에게 있어서 죽음보다도 더 무서운 현상인 것이다.

사람이 소망하던 것을 이룰 때처럼, 그 동안 바라던 마음이 멀리 떨어져 나가는 일은 없다. 〈괴테〉

사람이 소망하던 것을 이룰 때처럼, 그 동안 바라던 마음이 멀리 떨어져 나가는 일은 없다.

보다 많이 가지려는 것보다 보다 적게 바라는 정신을 항상 가져라. 〈토머스 아 켐피스〉

보다 많이 가지려는 것보다 보다 적게 바라는 정신을 항상 가져라.

희망은 재산 가운데서 가장 유익한 것이거나 아니면 가장 해로운 것이거나 그 어느 편에 속하기 마련이다.
〈보브나르그〉

희망은 재산 가운데서 가장 유익한 것이거나 아니면 가장 해로운 것이거나 그 어느 편에 속하기 마련이다.

희망이란 영구히 사람의 가슴속에서 사라지지 않는다. 그러므로 사람은 당장 행복하지 않아도 언젠가는 행복해진다고 생각한다.
〈보부〉

희망이란 영구히 사람의 가슴속에서 사라지지 않는다. 그러므로 사람은 당장 행복하지 않아도 언젠가는 행복해진다고 생각한다.

우리가 나이를 먹게 되면 젊을 때의 행복보다도 그 때 품고 있던 소망이 한층 더 그립게 여겨지는 법이다.
〈에센바흐〉

우리가 나이를 먹게 되면 젊을 때의 행복보다도 그 때 품고 있던 소망이 한층 더 그립게 여겨지는 법이다.

3단계

● 명언 쓰기연습

희망이란 아침마다 빛나는 태양의 빛을 받으며 나갔다가도 저녁에 비에 젖어 돌아오는 것과 같다. 〈르노와르〉

희망이란 아침마다 빛나는 태양의 빛을 받으며 나갔다가도 저녁에 비에 젖어 돌아오는 것과 같다.

돈이 있어도 최고의 이상이 없는 사람은 조만간 몰락의 길을 밟는다. 〈도스토예프스키〉

돈이 있어도 최고의 이상이 없는 사람은 조만간 몰락의 길을 밟는다.

곤궁한 사람에게 마시게 할 약은 오직 희망뿐이다. 부유한 사람에게 마시게 할 약은 오직 근검뿐이다. 〈셰익스피어〉

곤궁한 사람에게 마시게 할 약은 오직 희망뿐이다. 부유한 사람에게 마시게 할 약은 오직 근검뿐이다.

이상은 우리들 자신 속에 깃들어 있다. 따라서 이상을 달성하는데 나타나는 모든 장애 역시 우리들 자신 속에 있다.
〈T. 칼라일〉

이상은 우리들 자신 속에 깃들어 있다. 따라서 이상을 달성하는데 나타나는 모든 장애 역시 우리들 자신 속에 있다.

경제·경영 용어 쓰기

프로토타입	응답시간
프로토타입	응답시간
동시공학	기업이미지 통합
동시공학	기업이미지 통합
고객 만족경영	학습조직
고객 만족경영	학습조직
인사제도	인사제도
인사제도	인사제도
밀레니엄	패러다임
밀레니엄	패러다임
제로섬	골드칼라
제로섬	골드칼라

바젤협약	런던협약
바젤협약	런던협약
기후변화협약	몬트리올의 정서
기후변화협약	몬트리올의 정서
보호무역주의	마스트리히트조약
보호무역주의	마스트리히트조약
경상수지	부도처리유예제
경상수지	부도처리유예제
스태그플레이션	거품경제
스태그플레이션	거품경제
경기연착륙	경기연착륙
경기연착륙	경기연착륙

3단계

● 경제·경영 용어 쓰기

국제수지	비가격경쟁력
국제수지	비가격경쟁력
카테고리 킬러	리엔지어링
카테고리 킬러	리엔지어링
리스트럭처링	신흥공업국가군
리스트럭처링	신흥공업국가군
대변혁	실수요증빙
대변혁	실수요증빙
수익증권	국제표준
수익증권	국제표준
연계차입금	가산금리
연계차입금	가산금리

투신안정기금	디플레이션
투신안정기금	디플레이션
꺾기	총액한도대출
꺾기	총액한도대출
배드뱅크	무수익여신
배드뱅크	무수익여신
국토종합개발계획	공개매수
국토종합개발계획	공개매수
외화예탁금	상호금융
외화예탁금	상호금융
총외채	신주인수권부사채
총외채	신주인수권부사채

3단계

● 경제·경영 용어 쓰기

서킷 브레이커	실질실업률
서킷 브레이커	실질실업률

경기선행지수	인정이자
경기선행지수	인정이자

영세율	부당내부거래
영세율	부당내부거래

슈퍼 301조	고객예탁금
슈퍼 301조	고객예탁금

채권시가평가제	입찰참가자격 사전심사
채권시가평가제	입찰참가자격 사전심사

부품 표준화	사외이사
부품 표준화	사외이사

고통지수	자유무역협정
고통지수	자유무역협정
순환출자	에인절
순환출자	에인절
직상장	후순위 채권
직상장	후순위 채권
신용불량자	인덱스펀드
신용불량자	인덱스펀드
지표채권	통상법 201조
지표채권	통상법 201조
보상교환판매제도	간편장부
보상교환판매제도	간편장부

3단계

● 경제·경영 용어 쓰기

정크본드	풋백옵션
정크본드	풋백옵션

표준소득률	주가지수 선물
표준소득률	주가지수 선물

공개시장위원회	공개시장조작
공개시장위원회	공개시장조작

합리적 기대 가설	주글러 순환
합리적 기대 가설	주글러 순환

구조적 실업	필립스 곡선
구조적 실업	필립스 곡선

래퍼곡선	로랜츠 곡선
래퍼곡선	로랜츠 곡선

스태그 플레이션	자연 실업률
스태그 플레이션	자연 실업률

환율	비교우위설
환율	비교우위설

특별인출권	유로달러
특별인출권	유로달러

연쇄효과	엥겔법칙
연쇄효과	엥겔법칙

마찰적 실업	도시비공식부문
마찰적 실업	도시비공식부문

균형이론	부분균형분석
균형이론	부분균형분석

● 경제·경영 용어 쓰기

일반균형분석
일반균형분석

규모의 경제
규모의 경제

독점적 경제시장
독점적 경제시장

독점시장
독점시장

과점시장
과점시장

정자체 가로 쓰기

나 보기가 역겨워 가실 때에는 말없이 고이

보내 드리오리다. 영변에 약산 진달래꽃 아

름 따다 가실 길에 뿌리오리다. 가시는 걸음

걸음 놓인 그 꽃을 사뿐히 즈려 밟고 가시옵

○ 정자체 가로 쓰기

| 소서. 나 보기가 역겨워 가실 때에는 죽어도 |

| 아니 눈물 흘리오리다. 님은 갔습니다. 아 |

| 아, 사랑하는 나의 님은 갔습니다. 푸른 산 |

| 빛을 깨치고 단풍나무 숲을 향하여 난 작은 |

길을 걸어서 차마 떨치고 갔습니다. 황금의

꽃처럼 굳고 빛나던 옛 맹세는 차디찬 티끌

이 되어서 한숨의 미풍에 날아갔습니다. 날

카로운 첫키스의 추억은 나의 운명의 지침

● 정자체 가로 쓰기

을 돌려놓고 뒷걸음쳐서 사라졌습니다. 나

는 향기로운 님의 말소리에 귀먹고 꽃다운

님의 얼굴에 눈멀었습니다. 사랑도 사람의

일이기에 만날때에 미리 떠날것을 염려하

고 경계하지 아니한것은 아니지만, 이별은

뜻밖의 일이 되고 놀란 가슴은 새로운 슬픔

에 터집니다. 그러나 이별은 쓸데없는 눈물

의 원천을 만들고 마는것은 스스로 사랑을

● 정자체 가로 쓰기

깨치는 일인 것인 줄 아는 까닭에 걷잡을 수
없는 슬픔의 힘을 옮겨서 새 희망의 정수박
이에 들어부었습니다. 우리는 만날 때에 떠
날것을 염려하는 것과 같이 떠날 때에 다시

만날 것을 믿습니다. 아아, 님은 갔지만은

나는 님을 보내지 아니하였습니다. 제 곡조

를 못 이기는 사랑의 노래는 님의 침묵을 휩

싸고 돕니다. 죽는 날까지 하늘을 우러러

● 정자체 가로 쓰기

한 점 부끄럼이 없기를 잎새에 이는 바람에

도 나는 괴로워했다. 별을 노래하는 마음으

로 모든 죽어가는 것을 사랑해야지. 그리고

나한테 주어진 길을 걸어가야겠다. 오늘밤

에도 별이 바람에 스치운다. 모란이 피기까

지는 나는 아직 나의 봄을 기다리고 있을테

요. 모란이 뚝뚝 떨어져버린 날 나는 비로소

봄을 여읜 설움에 잠길테요. 오월 어느 날 그

● 정자체 가로 쓰기

하루 무덥던 날 떨어져 누운 꽃잎마저 시들어

버리고는, 천지에 모란은 자취도 없어지고 뻗

쳐오르던 내 보람 서운케 무너졌으니, 모란이

지고 말면 그뿐 내 한해는 다 가고 말아. 삼

백예순날 하냥 섭섭해 우옵내다. 모란이

피기까지는 나는 아직 기다리고 있을테요.

찬란한 슬픔의 봄을. 나두야 간다. 나의 이

젊은 나이를 눈물로야 보낼거냐. 나두야 가

○ 정자체 가로 쓰기

려다. 아늑한 이 향군들 손쉽게야 버릴거냐.

안개같이 물 어린 눈에도 비치나니, 골짜기마

다 발에 익은 묏부리 모양 주름살도 눈에 익

은 아, 사랑하던 사람들 버리고 가는 이도 못

잊는 마음 쫓겨가는 마음인들 무어 다를거냐.

돌아다보는 구름에는 바람이 희살짓는다. 앞

대일 언덕인들 마련이나 있을거냐. 나두야

가련다. 나의 이 젊은 나이를 눈물로야 보낼

3단계

○ 정자체 가로 쓰기

거냐 나두야 간다. 사랑하는 것은 사랑을 받

느니보다 행복하나니라. 오늘도 나는 에메랄

드빛 하늘이 환히 내다뵈는 우체국 창문 앞에

와서 너에게 편지를 쓴다. 행길을 향한 문으

로 숱한 사람들이 제각기 한 가지씩 생각에

족한 얼굴로 와선 총총히 우표를 사고 전보지

를 받고 먼 고향으로, 또는 그리운 사람께로

슬프고 즐겁고 다정한 사연들을 보내나니, 세

● 정자체 가로 쓰기

상의 고달픈 바람결에 시달리고 나부끼어 더

욱더 의지 삼고 피어 흐들어진 인정의 꽃밭

에서 너와 나의 애틋한 연분도 한 망을 연연한

진홍빛 양귀비인지도 모른다. 사랑하는 것은

사랑을 받느니보다 행복하나니라. 오늘도 나

는 너에게 편지를 쓰나니, 그리운 이여 그러면

안녕! 설령 이것이 이 세상 마지막 인사가 될지

라도 사랑하였으므로 나는 진정 행복하였네라.

반흘림체 가로 쓰기

나 보기가 역겨워 가실 때에는 말없이 고이

보내 드리오리다. 영변에 약산 진달래꽃 아

름 따다 가실 길에 뿌리오리다. 가시는 걸음

걸음 놓인 그 꽃을 사뿐히 즈려 밟고 가시옵

소서. 나 보기가 역겨워 가실 때에는 죽어도

아니 눈물 흘리오리다. 님은 갔습니다. 아

아, 사랑하는 나의 님은 갔습니다. 푸른 산

빛을 깨치고 단풍나무 숲을 향하여 난 작은

● 반흘림체 가로 쓰기

길을 걸어서 차마 떨치고 갔습니다. 황금의

꽃처럼 굳고 빛나던 옛 맹세는 차디찬 티끌

이 되어서 한숨의 미풍에 날아갔습니다. 날

카로운 첫키스의 추억은 나의 운명의 지침

을 돌려놓고 뒷걸음쳐서 사라졌습니다. 나

는 향기로운 님의 말소리에 귀먹고 꽃다운

님의 얼굴에 눈멀었습니다. 사랑도 사람의

일이기에 만날 때에 미리 떠날 것을 염려하

● 반흘림체 가로 쓰기

고 경계하지 아니한 것은 아니지만, 이별은

뜻밖의 일이 되고 놀란 가슴은 새로운 슬픔

에 터집니다. 그러나 이별은 쓸데없는 눈물

의 원천을 만들고 마는 것은 스스로 사랑을

깨치는 일인 것인 줄 아는 까닭에 걷잡을 수

없는 슬픔의 힘을 옮겨서 새 희망의 정수박

이에 들어부었습니다. 우리는 만날 때에 떠

날것을 염려하는 것과 같이 떠날 때에 다시

● 반흘림체 가로 쓰기

만날 것을 믿습니다. 아아, 님은 갔지만은

나는 님을 보내지 아니하였습니다. 제 곡조

를 못 이기는 사랑의 노래는 님의 침묵을 휩

싸고 돕니다. 죽는 날까지 하늘을 우러러

한 점 부끄럼이 없기를 잎새에 이는 바람에

도 나는 괴로워했다. 별을 노래하는 마음으

로 모든 죽어가는 것을 사랑해야지. 그리고

나한테 주어진 길을 걸어가야겠다. 오늘밤

● 반흘림체 가로 쓰기

에도 별이 바람에 스치운다. 모란이 피기까

지는 나는 아직 나의 봄을 기다리고 있을테

요. 모란이 뚝뚝 떨어져버린 날 나는 비로소

봄을 여읜 설움에 잠길테요. 오월 어느 날 그

하루 무덥던 날 떨어져 누운 꽃잎마저 시들어

버리고는, 천지에 모란은 자취도 없어지고 뻗

쳐오르던 내 보람 서운케 무너졌으니, 모란이

지고 말면 그뿐 내 한해는 다 가고 말아. 삼

● 반흘림체 가로 쓰기

백예순날 하냥 섭섭해 우옵내다. 모란이

피기까지는 나는 아직 기다리고 잇을테요.

찬란한 슬픔의 봄을. 나두야 간다. 나의 이

젊은 나이를 눈물로야 보낼거냐. 나두야 가

련다. 아늑한 이 항구들 손쉽게야 버릴거냐.

안개같이 물 어린 눈에도 비치나니, 골짜기마

다 밭에 익은 벼부리 모양 주름살도 눈에 익

은 아, 사랑하던 사람들 버리고 가는 이도 못

● 반흘림체 가로 쓰기

잊는 마음 쫓겨가는 마음인들 무어 다를거냐.

돌아다보는 구름에는 바람이 희살짓는다. 앞

대일 언덕인들 마련이나 있을거냐. 나두야

가련다. 나의 이 젊은 나이를 눈물로야 보낼

거나 나두야 간다. 사랑하는것은 사랑을 받

느니보다 행복하나니라. 오늘도 나는 에메랄

드빛 하늘이 환히 내다뵈는 우체국 창문 앞에

와서 너에게 편지를 쓴다. 행길을 향한 문으

○ 반흘림체 가로 쓰기

로 슬한 사람들이 제각기 한 가지씩 생각에

죽한 얼굴로 와선 총총히 우표를 사고 전보지

를 받고 먼 고향으로, 또는 그리운 사람께로

슬프고 즐겁고 다정한 사연들을 보내나니, 세

상의 고달픔 바람결에 시달리고 나부끼어 더

욱더 의지 삼고 피어 흐트러진 인정의 꽃밭

에서 너와 나의 애틋한 연분도 한 방울 연연한

진홍빛 양귀비인지도 모른다. 사랑하는 것은

● 반흘림체 가로 쓰기

사랑을 받느니보다 행복하나니라. 오늘도 나

는 너에게 편지를 쓰나니, 그리운 이여 그러면

안녕! 설령 이것이 이 세상 마지막 인사가 될지

라도 사랑하였으므로 나는 진정 행복하였네라.

정자체 세로 쓰기

님은 갔습니다. 아아, 사랑하는 나의 님은 갔습니다. 푸른 산빛을 깨치고 단풍나무 숲을 향하여 난 작은 길을 걸어서 차마 떨치고 갔습니다. 황금의 꽃처럼 굳고 빛나던 옛 맹세는 차디찬 티끌이 되어

○ 정자체 세로 쓰기

운 님의 말소리에 귀먹고 꽃다운 님의 얼굴에 눈멀었습니다. 사

운명의 지침을 돌려놓고 뒷걸음쳐서 사라졌습니다. 나는 향기로

서 한숨의 미풍에 날아갔습니다. 날카로운 첫키스의 추억은 나의

새로운 슬픔에 터집니다. 그러나 이별은 쓸데없는 눈물의 원천을 지어내고 마는 것은 스스로 사랑을 깨치는 것인 줄 아는 까닭에, 걷잡을 수 없는 슬픔의 힘을 옮겨서 새 희망의 정수박이에 들어부었습니다.

새로운 슬픔에 터집니다. 그러나 이별은 쓸데없는 눈물의 원천을 지 아니한 것은 아니지만, 이별은 뜻밖의 일이 되고 놀란 가슴은 랑도 사람의 일이기에 만난 때에 미리 떠날 것을 염려하고 경계하

● 정자체 세로 쓰기

만들고 마는 것은 스스로 사랑을 깨치는 일인 것인 줄 아는 까닭에

걷잡을 수 없는 슬픔의 힘을 옮겨서 새 희망의 정수박이에 들어부

었습니다. 우리는 만날 때에 떠날 것을 염려하는 것과 같이 떠날

묶을 힘싸고 돕니다. 죽는 날까지 하늘을 우러러 한 점 부끄럼이 없

내지 아니하였습니다. 제 곡조를 못 이기는 사랑의 노래는 님의 침

때에 다시 만날 것을 믿습니다. 아아, 님은 갔지만은 나는 님을 보

● 정자체 세로 쓰기

걸어가야겠다. 오늘밤에도 별이 바람에 스치운다. 모란이 피기까지

으로 모든 죽어가는 것을 사랑해야지. 그리고 나한테 주어진 길을

기를 잎새에 이는 바람에도 나는 괴로워했다. 별을 노래하는 마음

하루 무덥던 날 떨어져 누운 꽃잎마저 시들어 버리고는, 천지에 모

버린 날 나는 비로소 봄을 여읜 설움에 잠길테요. 오월 어느 날 그

지는 나는 아직 나의 봄을 기다리고 있을테요. 모란이 뚝뚝 떨어져

● 정자체 세로 쓰기

섭해 우옵내다. 모란이 피기까지는 나는 아직 기다리고 있을테요.

란이 지고 말면 그뿐 내 한해는 다 가고 말아. 삼백예순날 하냥 섭

란은 자취도 없어지고 뻗쳐오르던 내 보람 서운케 무너졌느니, 모

안개같이 물어린 눈에도 비치나니, 골짜기마다 발에 익은 묏부리

보낼거냐. 나두야 가련다. 아늑한 이 항군들 손쉽게야 버릴거냐.

찬란한 슬픔의 봄을. 나두야 간다. 나의 이 젊은 나이를 눈물로야

● 정자체 세로 쓰기

바람이 희살짓는다. 앞대일 언덕인들 마련이나 있을거냐. 나두야 가

잊는 마음 쫓겨가는 마음인들 다를거냐. 돌아다 보는 구름에는

모양 주름살도 눈에 익은 아, 사랑하던 사람들 버리고 가는 이도 못

이환히 내다뵈는 우체국 창문 앞에 와서 너에게 편지를 쓴다. 행길을 것은 사랑을 받느니보다 행복하나니라. 오늘도 나는 에메랄드빛 하늘 련다. 나의 이 젊은 나이를 눈물로야 보낼거냐 나두야 간다. 사랑하는

정자체 세로 쓰기

향한 문으로 술한 사람들이 제각기 한 가지씩 생각에 족한 얼굴로 와

서 총총히 우표를 사고 전보지를 받고 먼 고향으로, 또는 그리운 사

람께로 슬프고 즐겁고 다정한 사연들을 보내나니, 세상의 고달픈 바

지도 모른다. 사랑하는 것은 사랑을 받느니보다 행복하나니라. 오늘도 저 꽃밭에서 너와 나의 애틋한 연분도 한 망울 연연한 진홍빛 양귀비인 양 바람결에 시달리고 나부끼어 더욱더 의지 삼고 피어 흩어진 인정의

● 정자체 세로 쓰기

복하였네라.

것이 이 세상 마지막 인사가 될지라도 사랑하였으므로 나는 진정 행

도 나는 너에게 편지를 쓰나니, 그리운 이여 그러면 안녕! 설령 이

반홀림체 세로 쓰기

님은 갔습니다. 아아, 사랑하는 나의 님은 갔습니다. 푸른 산빛을 깨치고 단풍나무 숲을 향하여 난 작은 길을 걸어서 차마 떨치고 갔습니다. 황금의 꽃처럼 굳고 빛나던 옛 맹세는 차디찬 티끌이 되어

3단계

● 반흘림체 세로 쓰기

님의 말소리에 귀먹고 꽃다운 님의 얼굴에 눈멀었습니다. 사

운명의 지침을 돌려놓고 뒷걸음쳐서 사라졌습니다. 나는 향기로

서 한숨의 미풍에 날아갔습니다. 날카로운 첫 키스의 추억을 나의

새로운 슬픔에 터집니다. 그러나 이별은 쓸데없는 눈물의 원천을 지어 내한 것은 아니지만, 이별은 뜻밖의 일이 되고 놀란 가슴은 랑도 사람의 일이기에 만난 때에 미리 떠날 것을 염려하고 경계하

3단계

● 반흘림체 세로 쓰기

만들고 마는 것은 스스로 사랑을 깨치는 일인 것인 줄 아는 까닭에

걸잡을 수 없는 슬픔의 힘을 옮겨서 새 희망의 정수박이에 들어부

었습니다. 우리는 만날 때에 떠날 것을 염려하는 것과 같이 떠날

묶을 힘싸고 돕니다. 죽는 날까지 하늘을 우러러 한 점 부끄럼이 없

내지 아니하였습니다. 제 곡조를 못 이기는 사랑의 노래는 님의 침

때에 다시 만날 것을 믿습니다. 아아, 님은 갔지만은 나는 님을 보

- 반흘림체 세로 쓰기

걸어가야겠다. 오늘밤에도 별이 바람에 스치운다. 모란이 피기까지

으로 모든 죽어가는 것을 사랑해야지. 그리고 나한테 주어진 길을

기를 잎새에 이는 바람에도 나는 괴로워했다. 별을 노래하는 마음

하루 무덥던 날 떨어져 누운 꽃잎마저 시들어 버리고는, 천지에 모

버린 날 나는 비로소 봄을 여읜 설움에 잠길 테요. 오월 어느 날 그

지는 나는 아직 나의 봄을 기다리고 있을 테요. 모란이 뚝뚝 떨어져

반흘림체 세로 쓰기

섬 해 우옵니다. 모란이 피기까지는 나는 아직 기다리고 있을테요.

란이 지고 말면 그뿐 내 한해는 다 가고 말아. 삼백예순날 하냥 섬

란은 자취도 없어지고 뻗쳐오르던 내 보람 서운케 무너졌느니, 모

안개같이 물어린 눈에도 비치나니, 골짜기마다 발에 익은 묏부리

보낼거냐. 나두야 가련다. 아늑한 이 항구들 손쉽게야 버릴거냐.

찬란한 슬픔의 봄을. 나두야 간다. 나의 이 젊은 나이를 눈물로야

반흘림체 세로 쓰기

바람이 희살짓는다. 앞대일 언덕인들 마련이나 있을거냐. 나 두야 가

잊는 마음 쫓겨가는 마음인들 무어 다를거냐. 돌아다 보는 구름에는

모양 주름살도 눈에 익은 아, 사랑하던 사람들 버리고 가는 이도 못

이 환히 내다뵈는 우체국 창문 앞에 와서 너에게 편지를 쓴다. 행길을

것은 사랑을 받느니, 보다 행복하나니라. 오늘도 나는 에메랄드빛 하늘

련다. 나의 이 젊음 나이를 눈물로야 보낼거냐 나두야 간다. 사랑하는

● 반흘림체 세로 쓰기

람께로 슬프고 즐겁고 다정한 사연들을 보내나니, 세상의 고달픔 바

서 총총히 우표를 사고 전보지를 받고 먼 고향으로, 또는 그리운 사

향한 물으로 슬한 사람들이 제각기 한 가지씩 생각에 족한 얼굴로 와

지도 모른다. 사랑하는 것은 사랑을 받느니보다 행복하나니라. 오늘

꽃밭에서 너와 나의 애틋한 연분도 한 방울 연연한 진홍빛 양귀비인

바람결에 시달리고 나부끼어 더욱더 의지 삼고 피어 흥클어진 인정의

3단계

● 반흘림체 세로 쓰기

북하였네라.

것이 이 세상 마지막 인사가 될지라도 사랑하였으므로 나는 진정 행

도 나는 너에게 편지를 쓰나니, 그리운 이여 그러면 안녕! 설령 이

3단계 왕초보 한글 쓰기교본

부록

한자 숫자 쓰기 / 아라비아 숫자 쓰기 /

경조사 용어 쓰기 / 경조사 봉투 쓰기 /

편지 봉투 쓰기 / 엽서 쓰기 / 그림엽서 쓰기 /

영수증 쓰기 / 차용증 쓰기 /

인수증·청구서·위임장·사직서 쓰기 /

이력서 쓰기 / 자기소개서 쓰기 /

초청장 쓰기 / 인사장 쓰기 /

선생님께 편지 쓰기 /

지방 쓰기 / 원고지 사용법

한자 숫자 쓰기

壹	壹							
貳	貳							
參	參							
四	四							
五	五							
六	六							
七	七							
八	八							
九	九							

拾	拾						
百	百						
千	千						
萬	萬						
億	億						
兆	兆						
京	京						
垓	垓						

아라비아 숫자 쓰기

1	1							
2	2							
3	3							
4	4							
5	5							
6	6							
7	7							
8	8							
9	9							
0	0							

1	1						
2	2						
3	3						
4	4						
5	5						
6	6						
7	7						
8	8						
9	9						
0	0						

경조사 용어 쓰기

촌지	조품	전별	박례	조의	부의	근조	축수연	축상수	축구순		축팔순	축산수	축칠순	축고희	축회갑
寸志	粗品	餞別	薄禮	弔儀	謹弔	賻儀	祝壽宴	祝上壽	祝九旬		祝八旬	祝傘壽	祝七旬	祝古稀	祝回甲

축결혼	축화혼	축당선	축영전	축개업	축낙성	축발전	축입선	축우승	축입학	축졸업	축합격	축생신	축생일	축환갑
祝結婚	祝華婚	祝當選	祝榮轉	祝開業	祝落成	祝發展	祝入選	祝優勝	祝入學	祝卒業	祝合格	祝生辰	祝生日	祝還甲

경조사 봉투 쓰기

賻儀　　祝結婚　　祝華婚　　金七星

(경조사)

祝出産　　祝順産　　祝得男　　祝公主誕生

(출생)

편지 봉투 쓰기

보내는 사람
서울특별시 관악구 신림동 1449-20
　김 철 수
□□□□□

　　　　　　　　받는 사람
　　　　　　　충청남도 보령군 대천읍 신축리 100
　　　　　　　　　박 영자 귀하
　　　　　　　　　□□□□□

우 표

보내는 사람
서울특별시 관악구 신림동 1449-20
　김 철 수
□□□□□

　　　　　　　　받는 사람
　　　　　　　충청남도 보령군 대천읍 신축리 100
　　　　　　　　　박 영수 귀하
　　　　　　　　　□□□□□

우 표

엽서 쓰기

보내는 사람
서울특별시 관악구 신림동 1449-20
　김 철 수
☐☐☐☐☐

우 표

받는 사람
충청남도 보령군 대천읍 신축리 100
　박 영 수 귀하
☐☐☐☐☐

친구야!
다시 새해의 태양이 떠올랐구나. 좋은 계획 많이 세웠니?
돌아오는 해마다 맞이하는 새해이건만 새삼스럽게 새로워지는
것은, 다가오는 미래에 대한 희망과 결의를 다져야 하는 때문이
아니겠니.
　너도 새롭게 마음속에 다짐한 바가 있겠지. 올해도 더 정답고
굳세게 우리의 손을 잡고 나아가기로 하자.
　친구의 가정에 새해의 축복과 평안이 가득하기를 빈다.
　안녕.

2015년 1월 1일
철수가

그림엽서 쓰기

```
                        그림엽서
                       POST CARD                    ┌─────┐
                                                    │     │
  다정한 벗에게                                       │ 우 표│
                                                    │     │
  무사히 이곳 서울에 도착했다.                          └─────┘

  말로만 듣던 서울을 이렇게 와서      보내는 사람
                                  서울특별시 관악구 신림동 1449-20
  보니 그저 놀랍고 탄성만 나올 뿐이다.        김 철 수
                                  □□□-□□□
  내일은 이곳 저곳 들러볼 예정이다.

  서울 소식은 다시 전하기로 하고      받는 사람
                                  충청남도 보령군 대천읍 신축리 100
  오늘은 이만 줄인다.                      박 영 수 귀하
                                  □□□-□□□
  건강하게 지내기 바래…
```

그림엽서 작성법

1. 그림엽서는 대체로 앞면은 사진, 글은 뒷면에 쓰게 되어 있다.
2. 여러가지 형식이 있으므로 그 형식에 맞추어 쓰면 된다.
3. 글은 간단히 의사를 전달할 수 있게 쓰도록 한다.
4. 여행에서 느낀 소감을 쓴다.
5. 그림을 그리거나 간단한 시 같은 것을 적어도 좋다.

영수증 쓰기

영수증(領收證)

일금(一金), 오백만 원 정(整)
(₩ 5,000,000 원)

상기 금액을 정히 영수하고, 후일에 확실하게 하기 위하여 본 영수증을 작성, 서명 날인합니다.

　　영수 내용 : 전세 계약금

　　　　　　　　　　　2010년 5월 5일

　　영수자 : 김철수　(인)
　　주소 : 서울 ○○○구 ○○동 ○○○-○

김복동 귀하

차용증 쓰기

차용증(借用證)

일금(一金), 오백만 원 정(整)
(₩ 5,000,000 원)

채무자 김철수는 채권자 김복동으로부터 상기 금액을 차용하고 다음과 같이 약정한다.

-- 다음 --

1) 변제 기일 : ○○○○년 ○월 ○일
2) 이자 : 월 ○% (또는 월 ○원 등)
3) 이자 지급 방법 : 매월 ○일 지불(입금)한다.

2011년 ○월 ○일

위 채무자 : 김철수 (인)
주민 번호 :   전화 번호 :
주소 :

위 채권자 : 김복동 귀하

인수증 · 청구서 · 위임장 · 사직서 쓰기

인수증

품목 :
수량 :

상기 물품을 정히 인수합니다.

20 년 ○월 ○일

인수인 :   (인)

○○○ 귀하

청구서

금액 : 일금 칠만오천 원 (₩75,000)

상기 금액을 식대 및 교통비로 청구합니다.

20 년 ○월 ○일

청구인 :   (인)

○○과 (부) ○○○ 귀하

위임장

성명 :
주민등록번호 :
주소 및 연락처 :

본인은 위 사람을 대리인으로 선정하고 아래의 행위 및 권한을 위임함.

위임 내용 :

2011년 ○월 ○일

위임인 :   (인)
주민등록번호 :
주소 및 연락처 :

사직서

소속 :
직위 :
성명 :
사직 사유 :

상기 본인은 위와 같은 사정으로 인하여 년 월 일 회사를 사직하고자 하오니 선처하여 주시기 바랍니다.

20 년 ○월 ○일

신청인 :   (인)

○○○ 귀하

이력서 쓰기

입 사 지 원 서

지원 구분	신입 / 경력
지원 부문	

사 진 (3 * 4)	성 명	(한글) 이유진		(한자) 李有進	
	주민번호	790430 - 1886014	생년월일	79년 4월30일 (양/음)	
	주 소	경기도 수원시 송원동 125번지			
	전화번호	031 - 9829 - 8987	E-MAIL	ujin79@naver.com	
	핸드폰	010 - 9829 - 8987	가족사항	(1)남 (1)녀 중 (첫)째	

학력사항

구분	기 간	출신교 및 전공	소재지	성 적
고등학교	1995 ~ 1997	경기도 수원시 송원 고등학교		-
전문대학	1997 ~ 1999	서울 전문대학 컴퓨터공 학과		/
대 학 교	~	대학교 대학 학과		/
대 학 교	~	대학교 대학원 학과		/
대 학 원	~	대학교 대학원 학과		-

휴학기간/사유		논문제목	

경력

근무기간	직장명	직위	담당업무(구체적)	사직사유
년 월 ~ 년 월				
년 월 ~ 년 월				
년 월 ~ 년 월				

신체 / 병역

신장	체중	시력	혈액형	구분	병과	계급	면제사유
175 cm	70 kg	좌(1.0) 우(1.0)	O 형	필/미필/면제			
				복무기간	2000 년 6월 ~2003년 2월		

자격증 / IT능력 / 외국어

자격증	IT능력 MS OFFICE(상, 중, 하)	외국어	Test명	점수

가족사항

관계	성 명	생년월일	연령	학력	근무처 및 직위	동거여부	출신도
부	이명훈	'50 . 3 . 1	66	고졸		동거	
모	김영자	'54 . 8 . 11	62	고졸		동거	
동생	이희진	'81 . 9 . 8	34	대졸	(주)앤씨소프트	동거	
		. .					

취미		특기	

자기소개서 쓰기

자기소개서(自己紹介書)

김철수

안녕하십니까? 저는 ○○○○년 ○월 ○○대학교의 ○○학과를 졸업하게 되는 김철수입니다.

저는 ○○○○년 ○○월 ○○일에 ○○○에서 1남 2녀 중 장남으로 태어났습니다. 저희 집의 가훈은 가화만사성으로, 누구보다도 맡은 일에 최선을 다하고, 가족들끼리 언제나 웃음과 화목으로 대하며, 편안한 가정을 꾸미기 위해서 노력하시는 오십대의 아버지와 어머니께서는 힘들고 어려운 여건 속에서도 저희 삼남매를 위해서 최선을 다하셨고, 그런 영향으로 원만하고 적극적인 성격을 가졌기에 학우들에게서 신망을 받아 왔다고 자부합니다.

저는 장남으로 성장한 탓인지 모든 일에 끝까지 책임을 다하는 성격이며, 또 제가 맡은 일은 열정으로 마치려고 하는 성격입니다. 그래서 저는 주위 사람들로부터 활달하고 적극적이며 성취욕이 강하다는 말을 자주 듣는 편입니다. 다만, 고집이 좀 세고 보수적이다는 점을 단점으로 들 수 있지만, 그것으로 인해 이로웠던 때도 종종 있었기 때문에 어느 정도의 선에서 개선하려고 노력하고 있습니다.

　제가 귀사에 입사 원서를 내게 된 가장 큰 이유는 전세계의 시장을 무대로 다양한 제품과 질 위주의 경영 및 사원들간의 인화와 개척 정신을 제일로 삼는 귀사의 방침이 저의 개인적, 경제적 및 사회적인 욕구의 충족과 함께 미래에 대한 안정감 속에서 평생에 많은 것을 배울 수 있다고 생각해왔기 때문이고, 또한 국제화 시대에 맞춰 어학의 필요성을 인지하여 항상 배우는 자세로 끊임없이 적극적으로 어학 실력을 배양해서 귀사에 꼭 필요한 사람이 되겠다는 생각으로 세계의 무대에 도전해보고 싶었기 때문입니다.

초청장 쓰기

초 청 장

  제10회 민속학과 총동창회 한마음축제에 초대합니다.
세월이 살과 같이 날아가고 있습니다.
뵙고 싶은 민속학과 선생님과 선배님들!
또 함께 보고 싶은 동기생과 후배님들!
먼저 지면으로 민속 ○○동기회가 인사를 드립니다.
  알려드릴 사안은 다름이 아니라 민속학과 총동창회 〈한마음축제〉 개최 안입니다.
  지난해 10월, 9회 모임에서 2008년도에는 ○○학번이 봄에 주최를 해야 한다는 소식을 들었습니다.
  아시다시피, 그 동안 다섯 해에 걸쳐 모교 운동장에서 체육대회가 열렸었습니다. 매년 10월에 공을 차며 의미있는 땀을 함께 흘렸었지요. 하지만 모든 동문들이 함께 참여할 수 있는 새로운 방식을 만들어 보자는 의견들이 많았습니다.
  이에 올해부터는 모든 동문들이 함께 참여하고 느낄 수 있는 놀이마당으로 판을 펼쳐보자는 취지로 한마음축제를 준비하게 됐습니다. 일상을 제쳐 놓고 즐겁게 만났으면 합니다.
  뵐 때까지 건강하시기 바랍니다.

일시: 2008년 6월 12일(토) 오후 2시
장소: 충북 괴산군 청천면 관평리 산 14-1번지 보람원
주관: ○○대학교 민속학과 총동창회
주최: ○○대학교 민속학과 ○○학번 동기회

인사장 쓰기

인사의 말씀

　희망에 찬 새해 봄을 맞이하여 귀사의 발전을 앙축합니다. 이번에 제가 다음 장소에서 새로운 기계를 도입하여 인쇄소를 개업하게 되었습니다. 이 모든 것이 오로지 여러분의 끊임없는 지원과 성원의 덕택이라 생각하며 진심으로 감사를 드립니다.
　앞으로 어느 회사보다도 더 나은 제품을 기일 내에 납품할 수 있게끔 성의를 다하도록 하겠사오니, 많은 일감을 보내 주시기 바랍니다.
　마땅히 찾아뵙고 인사를 올리는 것이 도리인 줄 아오나 우선 지면을 빌어서 인사에 대신합니다

　　　개업 장소: 서울특별시 마포구 상수동 151 번지
　　　　　　　　전화 02) 732 - 0183
　　　　　　　　○○○○년 ○○월○○일
　　　　　　　　대표　김　만　수

선생님께 편지 쓰기

선생님께 드립니다.

 싱그러운 푸르름 속에 다시 스승의 날을 맞아서, 선생님의 존체 금안하시고 고당의 화목하심을 삼가 축원합니다.
 교육의 현장 문제에 있어, 스승의 길이 높고 넓으며, 멀고 깊은 인격적 감화와 지도력으로 주어지는 신뢰성에 더한다는 것을 깨달을 때, 새삼스럽게 선생님의 크신 발자취를 우러를 뿐이옵고, 소생이 그 자국을 따라서 올바른 스승의 길을 걷지 못함이 많음을 늘 부끄럽게 느끼면서 용서를 빕니다.
 변화가 급격한 시대와 사회에서, 변화와 불변의 이치를 가려 지조를 지키면서 가르치고, 참답게 미래 사회를 넘어다보면서 그 준비를 착실히 해 준다는 교육의 미래주의가 지금 어느 때보다도 절실한데, 소생은 그 방법을 잘 알지 못하오니 오히려 선생님의 옛 풍도를 우러를 따름입니다.
 더구나 어린 나이에 중책을 맡아서 그 동안 이뤄 놓은 일이 없이 허송세월한 것도 민망하고, 소생에게 큰 기대로 격려해 주신 은혜를 생각하면 죄송 천만입니다.

날이 가고 해가 바뀔수록 선생님의 뜻은 높기만 합니다.
부디 옥체 강녕하시고 댁내 편안하시기를 기원합니다.

○○○○년 ○○월○○일

스승의 날을 앞에 두고

제자 ○○○ 드림

지방 쓰기

顯祖考學生府君 神位

顯祖妣孺人金海金氏 神位

顯考學生府君 神位

顯妣孺人全州李氏 神位

（할아버지）　（할머니）　（아버지）　（어머니）

| 顯辟學生府君　神位 | 故室孺人慶州金氏　神位 | 亡弟學生吉童　神位 | 亡子學生吉童　神位 |

（남편）　　（아내）　　（동생）　　（자식）

원고지 사용법

원고란 지은이의 생각이나 느낌을 적은 글 또는 그림 등의 작품을 일정한 규격에 맞게 나타낸 것인데, 그 중 글을 옮긴 종이가 원고지다.

원고지에 글을 쓰면 교정보기가 쉽고, 인쇄하기 위한 준비단계에서 긴요하게 쓰인다. 또한 그 분량을 알 수 있기 때문에 연설이나 방송원고인 경우에 더욱 요긴하게 쓰인다. 내용이 아무리 훌륭하더라도 형식을 무시하여 그 분량을 측정 못하고 시간 내에 마치지 못한다면, 생각과 느낌을 제대로 전할 수 없게 되는 것이다.

1. 첫머리 쓰기

1) 글의 종류
1행 1칸부터 글의 종류를 표시한다. 〈소설〉, 〈시〉, 〈독서감상문〉, 〈생활문〉, 〈일기〉, 〈기행문〉처럼 표시해 준다.

2) 제목과 부제
① 제목은 2행 중심부에 놓이게 한다.
② 제목을 쓸 때에는 문장 부호를 사용하지 않는다.
③ 제목이 길 때에는 두 행을 잡아 쓴다.
④ 부제가 있으면 본 제목 아랫줄에 쓰되 양 끝에 줄표를 한다.

3) 소속과 성명
소속의 끝 글자 바로 밑에 성명의 끝 글자가 오게 하여 위와 아래를 맞추고, 끝 글자 뒤에는 두 칸 정도 비운다.

(예시)

	〈	소	설	〉								
					상		록		수			
								3	학	년	1	반
											심	훈

2. 본문쓰기

1) 한 칸 한 자의 원칙
한글은 한 칸에 한 자씩 쓰고, 띄어쓰기 할 자리는 한 칸을 비워 둔다.

2) 숫자와 알파벳
① 로마 숫자와 알파벳 대문자, 그리고 낱자로 된 아라비아 숫자와 알파벳 소문자는 '한 칸 한 자의 원칙'에 따르되, 두 자 이상의 아라비아 숫자와 알파벳 소문자는 한 칸에 두 자씩 쓴다.

② 한 칸에 두 자씩 쓰는 숫자나 알파벳 덩어리 가운데 홀수 개로 이루어진 것은 앞에서부터 두 자씩 끊어 쓴다.

(예시)

G	A	T	T										
Ⅰ	Ⅱ	Ⅲ	Ⅳ	Ⅴ	Ⅵ	Ⅶ	Ⅷ	Ⅸ	Ⅹ				
19	95	년		1	월		11	일					
a	와		at	의		관	계						
W	ha	t		di	d		yo	u		sa	y		th	at		fo	r	?

3) 한 칸 들여쓰기
① 글이 시작될 때, 문단이 바뀔 때마다 그 행의 맨 첫 칸을 비우고 둘째 칸부터 쓴다.

	화	창	하	고		따	스	한		어	느		봄	날	의		아	침	이
었	다	.																	
	아	침		햇	살	은		늦	잠		자	는		동	수	의		두	
눈	을		부	시	게		하	고	,	참	새	들	은		귓	가	를		뱅
뱅		돌	며	…	…	.													

② 대화는 전체를 한 칸씩 들여 쓴다. 즉, 첫 칸을 비우고 둘째 칸부터 따옴표(")가 시작된다.

| 이 | | 돌 | 은 | | 얼 | 굴 | 이 | 었 | 다 | . | | | | | | | | | |

	"	장	가		안		들	었	냐	?	"		
	잠	시		후	에								
	"	들	었	다	.	"							
	"	누	구	와	?	"							
	"	꼬	맹	이	와	.	"						
	아	니		꼬	맹	이	와	?		거	재	미	있	다	.	하	늘
높	은		줄	은		모	르	고		땅		넓	은		줄	만		알	아

4) 첫 칸 채우기

하나의 문단 내에서는 처음 시작을 제외하고는 절대로 첫 칸을 비우지 않는다. 첫 칸을 비우는 것은 새로운 문단이 시작된다는 약속이기 때문이다.

름		떼	를		벗	어	나	려	고		푸	른		하	늘		조	각	을	∨
찾	아	서		헤	매	는		것		같	았	다	.	그	러	나		아	무	
리		맑	은		하	늘	을		찾	아	서		달	려	도		구	름	은	∨
어	디	까	지	나		달	을		쫓	아	가	서		가	리	우	고	야		

3. 문장부호

1) 부호표시법

문장 부호는 정성들여 정확하게 표시한다.

| | | . | | · | | | , | | | … | … | . | | | | | | | | |

(마침표) (가운뎃점) (쉼표) (줄임표와 마침표)

| | | . | " | | | . | " | | | " | … | " | | | | | | | | |

(마침표와 닫는 따옴표)　　(큰따옴표)

| | | ' | … | ' | | | : | | | ! | | | ? | | | / | | | | |

(작은따옴표)　　(쌍점)　　(느낌표)　　(물음표)　　(빗금)

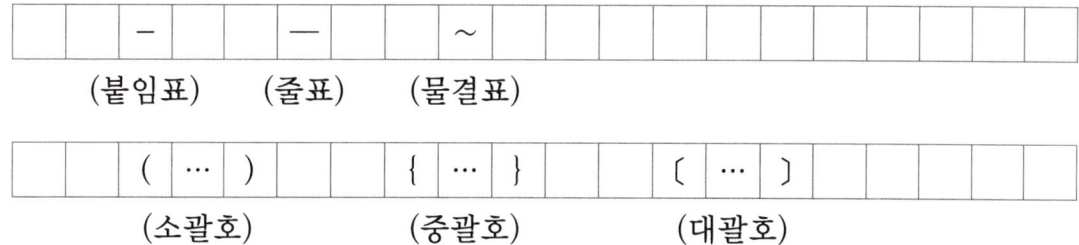

2) 한 칸 1부호의 원칙

문장 부호는 한 글자로 취급한다. 따라서 한 칸에 하나씩 표시하는 것을 원칙으로 한다.
① (. , ! ?) 같은 부호도 글자와 마찬가지로 한 칸을 잡아 쓴다.
② 대화의 그침을 나타낼 때에 있어서의 (.)과 (")는 같은 칸에 쓴다.
③ (! ?) 다음에 (") 가 올 때에는 한 칸에 쓰지 않고 따로 쓴다.
④ 그러나, 줄의 마지막 칸에 (! ?)가 올 때에는 (")를 한 칸에 쓴다.
⑤ 말바꿈표나 줄임표 따위는 두 칸을 잡아 쓴다.
⑥ 따옴표를 붙인 대화 부분은 줄을 따로 잡아 쓴다.
⑦ 문장 가운데 다른 사람의 말을 인용할 경우에는 인용 부분을 (")로 묶는다.
⑧ (-- 다.)가 공교롭게도 줄의 마지막 칸에 올 때에는 다음 줄의 첫 칸에 (.)를 찍지 않고 (다)자 칸에 찍는다.
⑨ 빠진 말을 보탤 때에는 그 줄 위쪽으로 하얗게 비운 공간에 쓰고, 삽입표를 한다.

3) 부호와 띄어쓰기

모든 문장 부호는 윗말에 붙여 쓰고 다음 한 칸을 비운다.

(예시)

| | 이 | 렇 | 게 | | 고 | 요 | 한 | | 환 | 경 | 이 | | 모 | 두 | | 무 | 서 | 웠 | 다 | ○ |
| 나 | 는 | | 무 | 시 | 무 | 시 | 한 | | 죽 | 음 | 이 | | 그 | 늘 | | 속 | 에 | | 몸 | |

| | 이 | 렇 | 게 | | 고 | 요 | 한 | | 환 | 경 | 이 | | 모 | 두 | | 무 | 서 | 웠 | 다 | × |
| . | 나 | 는 | | 무 | 시 | 무 | 시 | 한 | | 죽 | 음 | 이 | | 그 | 늘 | | 속 | 에 | | | |

4. 원고 쓰기의 실례

상록수

3학년 1반

심훈

영신은 여간 미안하지 않아서 하루도 몇 번씩 그런 짓을 하지 말라고 입이 닳도록 타일렀다. 그러나 속으로는 제가 피땀을 흘리며 가르친 아이들이 하나둘씩 글눈을 떠 가는 것이 여간 대견치

때는 1919년 3월 1일 명월관 지점에는 민족 대표 33인이 속속 모여들고 있었다. 긴장된 얼굴에는 초조와 흥분이 교차되고 있었다.

"여러분, 지금 우리는 민족을 대표해서 한 자리에 모여 민족의 독립을 선언했습니다."

우렁찬 만세 소리는 쩌렁쩌렁 연회장을 울리며 밖으로 흘러 나왔으며, 마침내 가까운 파고다 공원에 모인 수천

MEMO